KB013009

Earthware

삶을 담는 도구

No.45

Urbänlike

TABLE OF CONTENTS

Centerpieces in enameled copper.

Publisher's Letter

<어반라이크> 마흔 다섯 번째 이슈는 '삶을 담은 도구, 얼스웨어 Earthware[1]'입니다. 그릇은 시대를 상징하는 한 요소로 당시의 생활 문화를 단면적으로 유추할 수 있는 역할을 합니다. 이번 호에선 수치와 데이터로 모든 게 통용되는 시대, '자연으로부터 온 소재' 인 흙을 가지고 작업하는 동시대 창작자들과 작업물을 통해, 일상품과 예술품, 실용과 장식의 경계에 있는 '그릇의 현재'를 재조명하고자 했습니다.

흙을 사용해 만든 도자기는 음식이나 물건을 담는 용도로 사용하는 그릇류에 가장 오랜 세월 동안 사용되어 온 소재입니다. 최근 들어 공장에서 찍어낸 매끈하게 만들어진 획일적인 '제품'이 아닌, 사람의 손으로 손수 빚어 가마에 구워내는, 수 세기가 흘러도 변치 않은 제작 방식으로 완성된 '작품'에 대한 관심이 높아지고 있습니다. 아마도 모든 것이 기술과 기계의 효율성에 기대어 있다 보니, 변하지 않는 가치에 대한 동경과 본능 때문은 아닐까 짐작해 봅니다. 또한, 사람의 손으로 일일이 빚어 만들기에 세상에 단 하나도 같은 것이 없다는 점, 도자기가 지닌 언제 깨질 지 모르는 불완전한 소재의 특성 등이 인간적인 면모로 친근하게 와닿아서 일지도 모르겠습니다. 플라스틱과 일회용품의 편리함에 길들여졌던 산업화 시대와 달리, 삶의 터전인 지구의 환경을 염려한 일련의 움직임도 이와 같은 흐름에 힘을 실어 줍니다.

어반라이크의 새로운 이슈를 만들 때마다 결국은 앞서 살아가신 어른들에게 기대곤 합니다. 일생 동안 모은 도자기 수집품을 국립중앙박물관에 기증한 박병래 선생님, 평생을 전통의 아름다움을 알리는데 힘쓰신 전 국립중앙박물관장 최순우 관장님, 그리고 우리의 것을 동시대적으로 해석하는 안목이 담긴 <뿌리깊은나무> 발행인 한창기 대표님 덕분에 '완상 玩賞'의 개념으로 사물을 대하는 법을 배울 수 있었습니다. <어반라이크> 속 이야기들이 독자 여러분의 일상에 영감을 주는 걸 넘어, 삶의 만족도를 높일 수 있기를 바랍니다.

1 'Earthware'는 자연의 가장 근본이 되는 '흙'을 소재로 만든 세라믹류를 말하는 것으로, 그릇이라고 하기에는 의미가 협소하고, 도자기라고 하기에는 포괄적이라 마땅한 국문을 찾지 못해 영문으로 표기하였습니다.

The Ultimate Collector
수정 박병래와 백자

Word by Yesun Choi

국립중앙박물관 2층 기증전시실에는
박병래라는 이름이 붙은 백자 컬렉션이
있다. 맑고 청아한 흰빛의 물건들이
전시된 이곳은 유장하고 복잡한 역사의
그늘을 담고 있는 박물관에서 가장
환하고 고요한 전시실이다.
단정하고 절제된 품안의 물건들은
한 사람에게 속했던 물건임을 느낄 수
있을 만큼 결과 온도감이 닮아있다.
소장자 역시 그런 결을 가진 사람이
아니었을까?

수정 박병래는 의사로서 의술을 펼친
오랜 세월만큼 백자 수집가로도 이름을
알렸다. 고아한 기물들을 어루만지며
그는 덧없는 인생에 더 없는
양념이었다고 말했다.

한 사람의 컬렉션, 박물관으로 가다

1974년 5월 27일, 국립중앙박물관에서는 조선백자들만 모은 특별전이 열렸다. 수정 박병래 선생이 기증한 조선백자 362점 가운데 242점이 공개되는 자리였다. 박병래 선생은 오랫동안 백자만 수집하기로 소문이 자자했던 수집가였다. 지병을 앓으며 생의 마지막을 직감한 그는 평소 아끼던 수장품들을 박물관에 기증하는 절차를 진행했다.
여러 수장가들의 도움 없이는 박물관에서 기획전시를 열기가 불가능했던 시절이었다. 학예연구사들은 전시회를 열 때마다 수장가들을 찾아가는 일이 비일비재했다. 국립중앙박물관장을 역임했던 정양모 선생이나 최순우 선생도 학예연구원 시절 수장품을 대여하기 위해서 박병래 선생의 성북동 자택을 종종 방문했고 그럴 때면 머잖아 박물관으로 갈 물건이라는 진심어린 말을 자주 들었던 터였다.
평소 문화재는 개인의 것이 될 수 없다는 신념을 갖고 있던 박병래 선생의 수장품은 그렇게 국립중앙박물관으로 옮겨와 누구나 볼 수 있는 자리에 놓이게 되었다. 국가에 대규모 문화재를 기증한 사례는 광복 후 처음이었다. 국가는 그 공로를 높이 사서 국민훈장 모란장을 수여했다.
전시를 앞두고 고인이 된 기증자의 마음이 전해진 것인지, 전시회에는 많은 관람객이 몰려들었다. 언론에서는 5억, 10억에 이르는 고가의 컬렉션을 선뜻 박물관에 기증한 고인의 뜻을 기리며, 기증 문화가 더욱 커지기를 바라는 기사들이 실렸다. 한편, 미술사에서는 보다 큰 의미가 있었다. 40년 동안 조선 백자만 수집해온 고인의 신념이 조선 백자의 미의식을 널리 알리는 데 큰 역할을 했던 것이다.
<박병래 기증 이조자기 특별전시회>를 맡은 학예연구사는 최순우 선생이었다. 그는 청화백자와 문방사우에서 교집합을 만들어냈다. 박병래 선생이 문방구를 중심으로 수집해온 내력과 정취를 엿볼 수 있도록 조선시대 선비의 사랑방처럼 전시실을 꾸몄다. 산수가 그려지고 동물이 새겨진 각병, 항아리, 필통, 묵호, 연적, 접시 들은 대부분 손안에 쏙 들어오는 앙증맞은 크기의 물건이었고, 크다고 해도 둥그렇게 부푼 배를 가진 백자 청화 산수무늬 항아리 정도가 있을 뿐, 사랑방에 두지 못할 물건은 없었다. 미술사학자나 고미술 감정가들 입장에선 천하의 명품이라 격찬할만한 물건들도 있었다. 물을 듬뿍 머금은 맑은 청색의 무늬를 가진 청화백자가 주를 이루는데, 백자가 풍기는 여백의 미와 작디작은 기물들이 선사하는 파격의 재미가 그런 평가를 내리게 했던 것이다.

수집, 마음과 뜻을 새기는 일

박병래 선생은 "의업을 천직으로 알고 살아온 50년 동안 골동 수집에 취미를 붙이지 못했더라면 내 인생은 한결 삭막했으리라고 믿는다."고 말한 적이 있다. 그는 수집가이기 이전에 경성의학전문학교를 졸업하고 성모병원의 초대원장으로 취임하는 등 의사로 활동했다. 흉부내과, 특히 폐결핵 치료에 큰 성과를 발휘하기도 했다. 그는 어려서부터 기물을 좋아해서 수집가의 길로 들어선 것은 아니었다. 우리의 것을 잘 모르고 있음을 깨닫게 된 계기가 있었고 그 부끄러움이 그를 백자의 세계로 이끈 것이다.
박병래의 수집 이력은 20대 중반부터 시작되었다. 경성제국대학 부속병원 내과 교실의 조수로 일하던 1929년, 일본인 교수가 일본에서 사왔다며 낡은 도자기 접시를 보여주었다. 그 접시가 조선의 것이라고 상상도 하지 못했던 박병래는, "조선인이 조선의 접시를 몰라서야 말이 되겠나!"라는 교수의 말에 큰 충격을 받았다. 이 사건으로 우리의 것을 알아야겠다는 결심을 하게 되었고, 당시 지식인과 호사가 사이에 유행하던 골동 취미에 본격적으로 뛰어들었다.
가장 먼저 그는 박물관으로 갔다. 고려청자와 조선백자를 면밀히 살피다보니 경이로움의 세계로 한걸음 들어선 자신을 깨닫게 되었다. 그리고 안목을 넓혀보자는 생각으로 골동상을 찾아다니며 옛 물건들을 두루 구경에 나섰다. 처음엔 그냥 눈에 띄는 대로 사고, 그 다음엔 목표를 세워서 사들였다. 그런 뒤에는 수집가들과 모임을 결성하여 수집품의 품평회를 열었다. 취미, 취향, 안목 같은 말들은 그쯤 되어서야 조금씩 이해가 되었다. 접시에서 시작된 그의 수집품은 연적이나 필통 등 문방구 수집으로 방향이 정리되었다. 문방구는 실용을 겸비한 사대부의 취미 문화였으니 박병래의 수집과도 뜻이 통했다. 그는 수집품을 자산으로 바꾸는 일이 없었다. 들어온 물건은 단 하나도 다른 곳으로 가지 않았다.

한창 수집에 빠져있던 시절엔 오전 병원 일과를 마치자마자 가운만 벗은 그대로 시내 골동상을 돌았고, 집에 돌아올 때면 그의 손엔 낡은 백자가 들려 있곤 했다. 주머니 사정을 생각하지 않을 수 없는 봉급생활자였지만, 일단 점찍은 물건은 몇 달이고 좇아다니는 열정도 있었다. 마음에 드는 걸 가져온 날엔 한밤중에 깨어나 머리맡에 놓아둔 것을 불빛에 비춰보며 두근거리는 마음으로 기물의 이야기를 더듬었다. "차디차고 표정이 없는 사기그릇에서 차츰 따뜻한 체온을 느끼게 되었고 나중에는 다정하고 친근한 마음으로 대하게 되었다. 고요한 정신으로 도자기를 한참 쳐다보면 존경하는 마음까지 생겼다." 그는 후일 회고록을 통해서 이렇게 고백했다.

그 밤에 쓸모를 잃은 옛 물건을 들여다보며 어루만지고 귀를 가까이 대어 보는 한 사내의 떠올려본다. 눈을 가늘게 뜨고 기물을 샅샅이 살피다가 흐뭇하게 미소 짓는 모습도 떠올리게 된다. 그제서야 낡은 기물은 그 기능을 새로 얻는다. 연적에 담긴 의미가, 지통과 필통에 담긴 소용이, 병과 접시에 그려진 그림이 이해의 범주 속에 들어온다. 들여다보고 가까이하면서, 그리고 옛 사람의 뜻과 마음을 살피면서, 박병래의 세계도 넓어졌다. 이제는 그가 흰 가운을 입고 만나는 사람들도 단순히 질병에 시달리는 환자가 아니라, 취향과 뜻을 가진 인간이라는 사실을 절실히 느끼지 않을 수 없었을 것이다.

1

2

3

4

1
백자 청화 산수 장생무늬 사각접시,
조선 19세기

2
백자 청화 소상팔경무늬 항아리,
조선 18세기

3
백자 양각 상서로운 동물무늬 지통,
조선 19세기

4
백자 통모양병,
조선 19세기

희다 못해 푸른 빛깔은 모두 우리 자연의 것

백자는 매끈하고 담백한 형태에 백색 유약을 발라 구워낸 것으로 고려 때부터 존재했으나 조선시대에 와서 더욱 널리 제작되었다. 조선의 문화부흥기라 할 수 있는 영정조 대에는 푸른 안료로 산수와 글귀를 표현한 청화백자가 집중적으로 제작되었다. 푸른색은 흰색을 더욱 밝게 만들었고, 흰색이 더더욱 흰 빛깔을 지향하다보면 푸른 기운을 띄게 된다. 도자기에서 흰빛과 푸른빛은 상호적이다. 마치 흰 종이에 푸른 먹으로 그린 서화와 닮아서, 사대부 문인의 기품과 전통을 발견하기도 한다.
박병래 컬렉션은 청화백자, 그 중에서도 약간의 색과 무늬가 있는 미묘한 형태의 소품들이 많다. 연적을 많이 모았기에 '연적쟁이'라 불렸던 만큼, 컬렉션의 백미는 연적에 있다. 벼루에 먹을 갈거나 물감을 풀 때 물을 따라주는 기물을 연적이라 한다. 그러나 실용적 목적뿐만 아니라 곁에 두고 만져보며 살피는, 서안 위의 장난감이라 해도 될 것이다. 박병래가 수집한 연적은 크기가 작고 형태가 뚜렷하지 않지만 볼수록 귀여움과 노련미가 느껴진다.
한손에 들어오는 자그마한 기물 속에 도공은 다양한 마음을 심어두었다. 능청스럽다 할까, 어리숙하다 할까? 그런 와중에 삐딱한 마음과 순진한 마음도 보인다. 도공은 걸작을 빚어내겠다는 결의 따윈 없이, 일상과 자연에서 발견한 순간적인 재미들을 담았다. 연적에는 다양한 색이 담겼지만, 색이 없는 것도 많다. 선과 색이 단순할수록 시선이 오래 머문다. 최순우 선생은 조선 백자에 대해 어리숙한 순진함, 천연스러운 아름다움, 장식도 색깔도 없이 다채로운 흰빛, 계산을 초월한 아름다움이라고 칭송하곤 했다.

그런데, 그토록 오랫동안 찾고 보아온 백자에 대해서 박병래 선생은 무엇이 좋다, 어떻게 좋다는 자랑을 하지 않았다.

그는 아름다움을 표현하는 일보다는 그 많던 백자 가마터가 몰락해버린 자취를 찾아다니며 우리 도자 문화의 역사를 더듬고 살피는 쪽에 서있었다.

박병래 선생은 한 수집가의 이야기를 쓴 적이 있다. 일제강점기에 분원을 방문했더니 늙은 도공이 처량하게 앉아 녹로를 돌리고 있었는데, 백자를 빚는 태토도 더 이상은 황해도 조박리 흙이 아니고 청화도 일본에서 근대식으로 대량생산된 코발트였단다. 박병래 선생은 더 이상은 좋은 도자기가 없다는 한탄이 아니라, 옛 시절의 수공예 장인의 후예가 그 자리에 굳건히 남아 그릇을 빚고 있었다는 사실을 더 기억하려고 애썼다. 수공예와 기계 산업의 우위를 굳이 따지기보다, 진짜와 가짜를 판가름하기보다 절대적 가치를 인정할 수 있는 물건을 만나는 것이 더 높은 순위였다. 그는 전통도예를 이어받은 후예들의 손끝이 계속 이어지기를 바랐다.

이 지점에서 박병래 컬렉션의 역사성과 철학을 읽을 수 있다. 박병래 컬렉션은 상당수가 18~19세기 경기도 양주 금사리와 분원리 가마에서 빚어진 것들이다. 국가에서 도자기 제작을 관리하는 관요가 널리 퍼지면서 백자를 사용하는 층이 왕실에서 서민까지 매우 넓어졌고 쓰임도 다양했다. 생활용기부터 제기, 문방, 묘비명까지 백자에 스며들었다. 궁궐의 것은 지극히 정제된 곱고 흰 흙으로 빚어 푸르게 보일만큼 흰 그릇이었다면, 민간의 것은 상황과 시간이 만든 다양한 흰빛이 존재했다. 그릇을 빚고 굽는 사람은 도공이지만 수많은 문장가와 화공들이 가마터를 찾아가 그림과 글씨로 손을 더했다. 그런 이유로 백자는 조선의 정수라 할 수 있었다.

박병래 선생이 추구했던 '백자에 대한 향수'는 균열과 단절의 전통을 이어가고자 하는 마음에서 시작된 것이 아닐까 생각해본다. 조선 백자는 우리의 모태가 되는 흙으로 빚고 이 땅에서 난 안료로 그려냈다. 가마에서 불로 구워내어 더욱 단단해지는 그 이치 또한 삶의 질서를 품고 있었다.

5

6

7

8

9

10

5
백자 철화 복숭아모양 연적

6
백자 청화 동채 두꺼비모양 연적

7
백자 청채 감모양 연적

8
백자 청화 태극무늬 사각 연적

9
백자 청화 수탉모양 연적

10
백자 청화 투각 운룡문 연적

11
1974년 국립중앙박물관에서 출판한
『박병래수집이조자기』 전시도록의 일부.

11

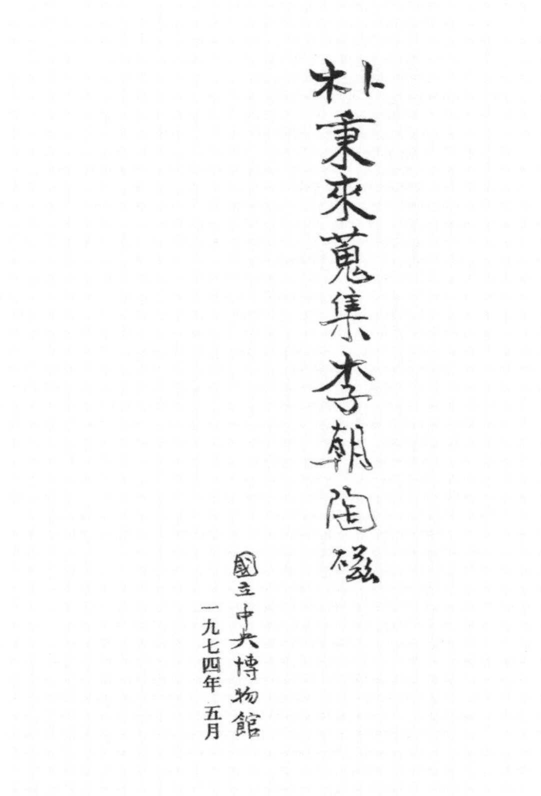

“그 동안 도자기를 통하여 얻은 것이 있다면 우리의 것을 알게 되었다는 점이다. 내 나름대로는 힘껏 모아서 지금 몇백 점을 가지고 있으나 따지고 보면 이렇다 할 물건은 하나도 없다. 그러나 그 정도나마 옆에 두고 볼 수 있었던 것만도 큰 행복이었다고 감사하며 앞으로도 잘 보존되어 여러 사람이 보게 되기를 바랄뿐이다.”
박병래 컬렉션에는 눈에 띄게 아름답거나 교태를 부리는 물건은 없으며 국경 너머의 물건은 더더욱 없다. 오히려 작고 사소해서 쉽게 사라져버리는 것들을 귀하게 모았다. 그렇게 우리가 잃어버린 시간을 찾아내었고, 이렇듯 유려한 생활 문화가 우리 삶의 저변에 존재했음을 보여주었다. 백자는 시대를 통과한 사물들이며, 그 사물에 실려서 숨겨진 이야기를 찾으며 인간 박병래도 어둡고 아프고 복잡한 시대를 통과했다. 덧없는 시대를 건너게 해준 더없는 아름다움이었다.

[참고 자료]
박병래, 「골동품 비화 40년」, <중앙일보> 1973년 9월29일~11월 3일
[유물 자료 제공]
국립중앙박물관

최예선
저널리즘을 전공하고 건축전문지와 문화교양지에서 에디터로 일했다. 이후 프랑스 리옹2대학에서 미술사를 공부했다. 오랫동안 근대라는 시공간을 탐구하면서 『모던의 시대, 우리 집』 『길모퉁이 오래된 집』 『오후 세 시 그곳으로부터』 『청춘남녀 백 년 전 세상을 탐하다』 『절집 오르는 마음』를 썼으며, 미술 에세이로 『밤의 화가들』이 있다. 미술의 다양한 장면을 이야기하는 「아트콜렉티브 소격」의 동인으로 활동하고 있다.
@yesun_choi

白磁大壺

Dialogue

뉴 클래식, 달항아리

Editor Jisoo Oh Interviewer Yesun Choi
Interviewee Hyeyoung Cho, Jongwoo Kwak

최예선
미술과 건축 등 예술을 폭넓게 다루는
작가로, 특히 과거의 문화유산에
관심이 많다. 저서로 <절집 오르는 마음>,
<모던의 시대 우리집> 등이 있다.
(이하 YS)

조혜영
약 20년간 다양한 전시를 기획해온
큐레이터이자 예술 감독. '로에베 공예상'
국제 커미셔너로 2022 로에베 재단 공예상을
유치하고 기획을 총괄했다.
(이하 HY)

곽종우
도자사를 전공하고 고려대학교
박물관에서 학예사로 근무했다. 현재는
케이옥션에서 경매사로 활동하며
건강한 미술 시장 조성을 위해
힘쓰고 있다.
(이하 JW)

여러 형태의 도자기 중에서도 둥근 달을 닮은 순백의 항아리에 이토록 열광하는 이유는 무엇일까. 작가와 큐레이터, 경매사. 서로 다른 시선의 세 사람이 나누는 달항아리에 대한 대화에서 그 답을 찾아볼 수 있기를.

PART 1
'달항아리'란 무엇인가.

YS 먼저 달항아리가 무엇인지 그 정의에 대해서 짚어볼 필요가 있을 것 같습니다. 달항아리라 이름 붙일 수 있는 기준에는 어떤 것이 있나요?

JW 일단 '달항아리'가 공식 명칭은 아닙니다. 학술적으로는 '백자 대호'라고 부르는 것이 맞고요. 학자들마다 기준은 조금씩 다르지만 35cm에서 40cm 이상의 순백자 항아리를 보통 달항아리라고 부릅니다. 보름달을 닮았다고 해서 민간에서 미학적으로 붙인 별명 같은 거죠. 17세기 중반, 그러니까 왕으로 따지면 숙종과 영조 시대부터 만들어졌다고 볼 수 있습니다. 이때가 문예 부흥이 일어났던 시기인데요. 미술뿐만 아니라 정치와 사상 등 문화계 전반적으로 큰 성장을 이뤘어요. 그중 도자 분야를 대표하는 것 중 하나가 달항아리입니다.

YS 당시에 달항아리가 얼마나 많이 만들어졌나요?

JW 조선시대에는 지금의 경기도 광주 분원리에 '관요'라는 관영 도자기 제조소가 있었어요. 관영이니까 지금으로 말하면 공기업이라고 볼 수 있는 거죠. 그만큼 당시 조선 왕실 지배계층에서는 도자기에 대한 관심이 많았고, 나라에서 관여하는 것이다 보니 생산량도 그렇게 적지는 않았을 거예요. 실제로 현존하는 달항아리의 수가 많지는 않지만 그렇다고 적지도 않거든요. 또, 조선 후기 문인이며 장서가였던 담헌 이하곤이라는 인물이 분원에 방문하고는 '원형의 백자가 아주 많다'는 기록을 남기기도 했어요. 그러니 달항아리가 당시에 꽤 많이 생산되었을 것으로 보입니다.

YS 그렇다면 달항아리가 왕실뿐만 아니라 세도가들 혹은 민간으로까지 전해졌다고 볼 수도 있을까요?

JW 그랬을 가능성은 희박합니다. 왜냐하면 불과 500년 전만 하더라도 도자기는 전 세계에서 중국과 조선밖에 만들지 못했거든요. 최첨단 기술로 만들어지던 것이었기 때문에 사용 계층이 제한적이었을 것으로 생각됩니다. 중인들이 사용한다고 하더라도 돈이 정말 많은 사람이 아니라면 어려웠을 거예요.

YS 달항아리 제작 방식 또한 독특한 면이 있다고 들었는데요.

JW 워낙 크기가 커서 한 번에 만들 수가 없어요. 위쪽의 무게를 지탱하지 못하고 흐트러지거든요. 그래서 위쪽과 아래쪽을 따로 만들어 두 개의 사발을 하나로 합치는 방식으로 제작합니다. 그래서 모든 달항아리에는 가운데 선처럼 '접합흔'이 보여요. 만약 조선시대에 만들어졌다고 하는데 접합흔이 없다고 하면 그건 가짜라고 볼 수 있죠.

HY 물론 지금의 기술로는 한 번에 만들 수 있습니다. 그렇지만 아무래도 그 접합흔이 주는 달항아리만의 아름다움이 또 있기 때문에, 오늘날 달항아리를 재현하는 권대섭 작가님 같은 분들은 일부러 접합흔을 살리기도 하시죠.

YS 그래서 달항아리가 완전한 원형을 이루기 어려웠던 거군요. 그렇기 때문에 더 '달이 이지러지는 모습과 같다' 표현하는 부분도 있는 것 같습니다.

HY 중요한 건 의도해서 만든 게 아니라는 점이에요. 현대에 와서 아무리 기술이 좋아졌다고 해도 완벽한 재현은 불가하죠. 그 시대, 그 환경에서만 만들어질 수 있었던 것이니까요. 그렇기 때문에 지금 달항아리를 만들려면 무작정 과거의 것을 따라 하려 하기보다는 작가 고유의 시선이 접목되어야 한다고 봐요. 현대적으로 재해석해야 하는 거죠.

YS 그렇다면 현대 도예가들에게 과연 달항아리는 어떤 의미로 다가올까요? 어떤 작가님께서는 달항아리를 만드는 과정 자체가 수행이라고 표현하시기도 했는데요.

JW 도자를 하는 사람에게 달항아리를 만든다는 것은 아마 큰 도전이 아닐까 싶습니다. 기법도 기법이지만, 조혜영 선생님께서 말씀하신 그 자연스러운 선을 구현하기가 어렵기 때문이죠. 그 선을 현대적으로 표현하면서도 조선시대의 이념과 역사적 근거를 담아낼 수 있어야 한다고 봅니다.

YS 대표적인 작가로는 어떤 분이 있을까요?

HY 저는 개인적으로 김익영 선생님을 참 좋아합니다. 조선시대 달항아리에서 엿볼 수 있는 선에 대한 해석은 이분이 최고라고 생각해요. 풍만하면서도 여백의 미가 느껴지죠. 권대섭 작가님의 달항아리는 조금 더 딱 떨어지면서도 묵직한 느낌이에요. 요즘에는 금속, 유리, 심지어는 나전으로 만드시는 분도 있는데요. 그래도 달항아리는 역시 도자기가 아닐까 싶어요.

YS 달항아리를 사진이나 회화 등의 소재로 활용하는 작가들도 많습니다.

JW 오늘날 활발하게 활동하는 분들 중에서는 대표적으로 최영욱 작가님을 꼽을 수 있을 것 같아요. 실제로 달항아리 표면에 있을 법한 미세한 균열이나 흠집을 화폭에 담아내셨죠. 제목은 'Karma', 즉 업보라는 뜻인데요. 오랜 시간 동안 달항아리에 새겨졌을 흔적들이 우리의 인생과 닮아 있다는 본인만의 시선을 작품에 녹여낸 거죠. 이런 것이 달항아리의 현대적 해석이라고 생각합니다.

HY 고영훈 작가님, 고재권 작가님, 양성훈 작가님도 전부 자기만의 시선으로 달항아리를 그려내요. 달항아리 그 자체를 표현하는 것이라기보다 자신만의 독창성을 달항아리를 통해 표현하고 있는 거죠. 익숙한 오브제를 매개로 각자의 메시지를 던지는 거라고 봅니다.

보물 백자 달항아리, 조선시대,
높이 41.0cm, 입지름 20.0cm,
바닥지름 16.0cm, 몸통지름 40.0cm,
접수 702, 국립중앙박물관 소장
©국립중앙박물관

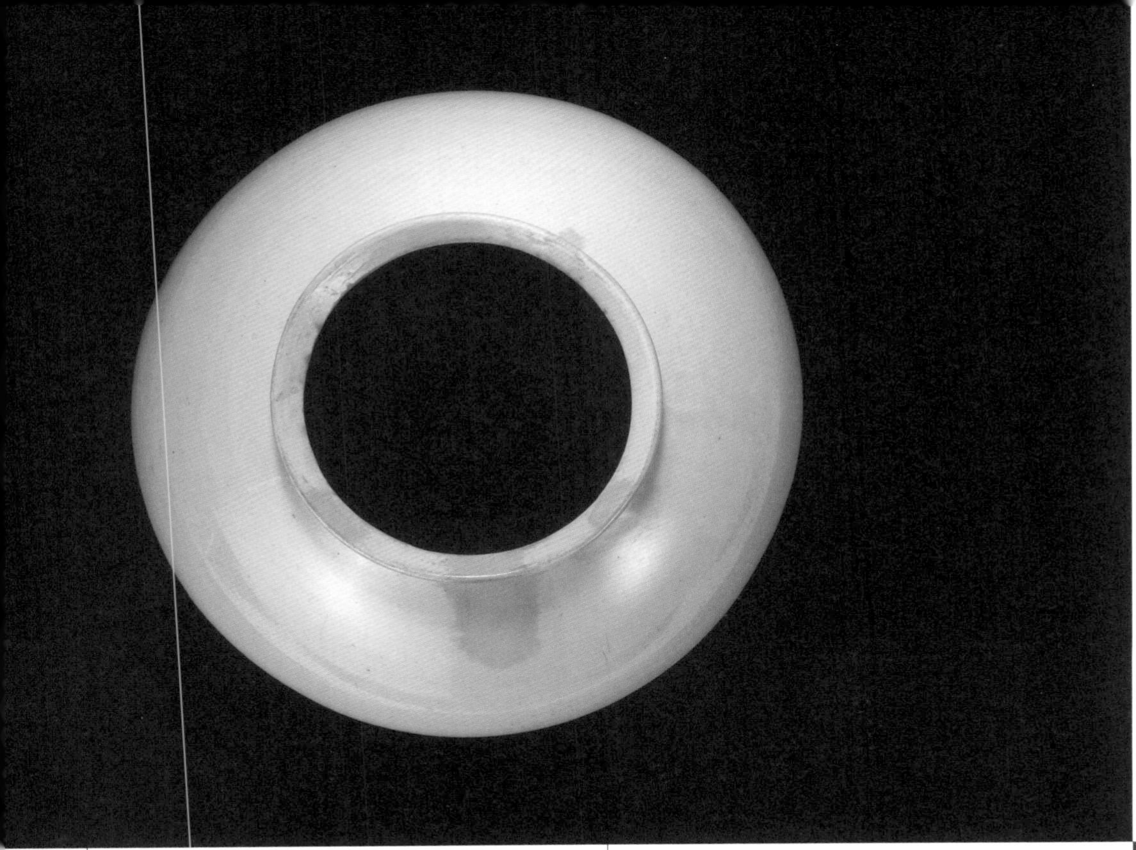

PART 2
왜 '달항아리'인가.

YS 예전에는 한국의 도자기라고 하면 항상 고려청자 매병이 대표적인 이미지로 등장했어요. 그런데 지금은 달항아리가 그 위치를 대체했다고 볼 수 있을 것 같은데요. 시대가 흐르면서 새로운 의미가 부여되고 그에 따라 가치가 다르게 부각되는 것 같아 재미있게 느껴집니다. 얼마 전에는 국내 도자기 경매에서 최고가를 달성하기도 했죠.

JW 저도 당시 현장에 있었는데요. 관람객뿐만 아니라 응찰도 정말 많았습니다. 그때 달항아리의 인기를 한 번 더 실감했고, 최고가를 달성했을 때는 정말 감회가 남달랐죠. 어떻게 보면 달항아리가 한국 미술의 한 척도로서 기능하고 있기도 한데, 거기에 자본주의적 개념이 더해지면서 어떤 자존심 같은 것을 지켜주었다는 생각이 들었어요.

YS 최근 들어 달항아리의 인기가 급속히 상승한 계기가 있었을까요?

JW 사실 달항아리에 대한 관심은 꾸준히 있어 왔어요. 경매시장의 낙찰 기록을 살펴보면 이게 언제부터 인기가 있었는지 대략 알 수 있거든요. 그런데 달항아리는 1960년대~70년대에도 이미 고가에 거래가 되고 있었어요. 그보다 앞선 세대의 인물로 잘 알려진 분은 정조문 선생님이라고 교토 고려미술관을 설립하신 분이 있는데요. 그곳에도 달항아리가 소장되어 있거든요. 어떤 일본인으로부터 정조문 선생님이 구입을 하신 건데, 기록을 보면 1940년대~50년대에도 값이 너무 비싸서 오랫동안 고민을 하셨다고 나와 있어요. 그러니까 달항아리는 1950년대부터 현재까지 최소 70년 이상 큰 인기를 구가하고 있다고 볼 수 있는 거죠.

HY 그럼에도 요즘처럼 젊은 세대까지 달항아리를 관심 있게 바라보는 것은 아마도 유행이 너무나 빠르게 지나가는 시대 속에서 변하지 않는 가치를 보여주고 있기 때문이 아닐까 싶어요. 회화로 치자면 피카소나 세잔 같은 '클래식'인 거죠. 특히 미술 그리고 공예를 하는 사람들은 과거로부터 많은 영감을 얻어요. 우리 미술의 근원을 발견할 수 있으니까요. 달항아리가 사랑받는 것도 그러한 맥락이 아닐까요?

YS 어떤 예술가는 달항아리의 넉넉하고 둥근 형태에서 큰 위로를 받았다고 하더라고요. 달항아리가 이렇게 사랑을 받는 데에는 여러 가지 맥락들이 있지만, 일단 바라보는 것 자체만으로도 다양한 영감을 얻을 수 있었기 때문인 것 같기도 합니다. 둥근 달을 보면서 소원도 빌고, 그 환한 빛에 위안을 받았던 경험 같은 것들이 달항아리에 투영이 됐던 게 아닐까 싶기도 하고요. 어쩌면 해외에서 달항아리를 바라보는 시각도 우리에게 많은 영향을 주었을 것 같아요. 실제로 달항아리를 보면서 '가장 한국적이다'라고 표현을 하잖아요. 이러한 감상은 어디에서 온다고 보시나요?

JW 세 가지 키워드로 정리를 해봤는데, 우선 첫 번째는 '담박함'이에요. '욕심이 없고 마음이 깨끗하다', '느끼하지 않고 산뜻하다'라는 뜻이죠. 흔히 한국 미술을 설명할 때 많이 사용하는 단어예요. 많은 평론가 선생님들께서 달항아리가 가진 미감을 '부정형의 원이 그려주는 무심한 아름다움'이라고 표현하시는 것과 같은 맥락이지 않을까 싶습니다. 두 번째는 '조선의 건국 이념'인데요. 조선의 건국 이념이 아시다시피 유교 성리학이잖아요. 근검, 절약 이런 것이 최고의 미덕이라고 생각한 시대에 이 달항아리가 잘 맞아떨어진 것이 아닌가 싶습니다. 당시에 유일한 장식이라고 한다면 청화 안료를 사용하는 것인데, 중국에서 수입을 해야 하기 때문에 굉장히 비쌌어요. 그런데 도자기는 만들어야겠으니까 순백자로 승부를 내보자 했던 거죠. 실제로 달항아리까지는 아니지만 15cm에서 30cm 정도 되는 순백자 항아리들이 굉장히 많이 생산됐고요. 마지막은 '독보적'인데요. 이런 도자기가 외국에는 없어요. 17~18세기 중국, 일본의 도자기만 해도 정말 엄청난 기술과 기교가 돋보이거든요. 그런데 이 달항아리는 채색도 없고 무늬도 없고 어떻게 보면 너무 단순한 거예요. 그래서 '한국에만 있는 장르'라는 인식이 새겨진 게 아닐까 싶습니다.

HY 실제로 해외에서는 우리나라 공예 중에서도 특히 도자기를 가장 좋아해요. 해외의 여러 박물관과 일하면서 어떤 전시를 하고 싶냐 물어보면 무조건 도자기라고 말할 정도이죠. 여기서 영국의 도예가인 버나드 리치 Bernard Leach 이야기를 빼놓을 수 없는데요. 그가 1935년에 서울을 방문했을 당시 달항아리를 구입했고, 평생을 곁에 두고 있다가 애제자인 루시 리 Lucie Rie에게 선물했어요. 현재는 영국박물관에 소장되어 있죠. 20세기 초반에 달항아리를 통해 한국을 노출하는 데 기여를 했다고 볼 수 있습니다.

JW 비슷한 예로 일본에는 민예연구가이자 미술평론가인 야나기 무네요시가 있는데요. 그 또한 우리 도자기를 해외에 알리는 데 큰 역할을 하기는 했지만, 한편으로는 비판적인 시각이 존재하기도 합니다. 그가 말한 '민예'라는 것은 말 그대로 대중적인 예술을 말하는데, 여기에는 조선이나 대만, 동남아 미술은 일본보다 못하다고 보는 시각이 반영되어 있다고 보기도 하거든요. 그렇기 때문에 달항아리가 해외에서 주목을 받은 부분도 더욱 다양한 관점에서 바라보아야 한다는 생각이 들기도 합니다.

PART 3
꼭 '달항아리'여야 하는가

YS 이번 대담의 주제가 '우리는 왜 달항아리에 열광하는가'인데요. 저는 이 질문에 매우 다양한 층이 있다고 느꼈습니다. 우리가 귀하게 받아들여야 할 측면도 있는 반면, 비판적인 시각에서 바라보아야 하는 부분도 분명히 있다고 봅니다. 아마 달항아리에 대한 관심은 당분간 계속해서 지속이 될 것 같은데, 관련해서 주의해야 할 부분도 있을까요?

HY 사실 달항아리, 달항아리 이야기하지만 아직 '이거다' 싶은 달항아리 전시가 없었어요. 그만큼 달항아리가 깊이 있게 잘 다루어지지는 못했다는 생각이 드는데요. 곽종우 경매사님께서 말씀하셨던 조선의 건국 이념이라든지, 왜 만들었는지 이런 것들을 제대로 정리하고, 그렇다면 현대에 와서 달항아리에 주목해야 하는 이유는 무엇인지 질문을 던져보는 시간이 필요하다고 봐요. 사실 현시점이 한국 미술 시장에 있어서 굉장히 중요한 시기예요. 세계적인 아트 페어인 프리즈 Frieze가 올해 서울을 선택했는데, 이때 벨기에 갤러리인 악셀 베르보르트 Axel Vervoordt에서 권대섭 작가님의 달항아리를 가지고 나왔어요. 그걸 보면서 우리도 무언가를 좀 해보아야 하지 않나, 그런 생각이 들었습니다.

JW 달항아리가 조선 백자의 자부심이기는 하지만, 그렇다고 '넘버 원'은 아니에요. 다른 많은 최고 중 하나인 거죠. 그러면 또 어떤 것이 있냐, 이런 질문을 던지게 되는데요. 그 질문에 대해 답할 수 있도록 준비하고 보여주는 것이 중요하지 않을까 싶습니다. 백자도 양각 백자가 있고 청화 백자가 있고 상감, 철화, 동화 등 정말 다양하거든요. 청자만 하더라도 중국에서 유입이 됐지만, 독자적으로 발전하면서 중국을 넘어섰다고 말할 수 있을 정도로 화려하고 조형적으로 완숙한 것이 많아요. 고려 때는 나전칠기, 불화 이런 것들도 유명하고요.

YS 앞으로 부각이 될 것으로 보이는 분야가 있다면 어떤 것을 꼽을 수 있을까요?

JW 달항아리와 같은 백자는 아무래도 목가구 위에 있을 때 가장 빛이 나죠. 실제로 마켓에서는 도자기와 더불어 목가구가 인기가 좋습니다. 사실 도자기는 완상의 개념으로 감상하며 즐기는 경우가 많은데, 목가구는 실용적인 기능이 더 강하기 때문에 두 가지가 맞물리면서 조화를 이루는 형태로 함께 나아가지 않을까 싶습니다.

HY 말씀하신 인테리어의 측면도 중요한 부분 중 하나인데요. 달항아리는 가격적인 부분도 만만치 않지만, 그 고유한 분위기가 아파트와 같은 일반적인 생활 공간에 두기에는 다소 부담스러울 수 있어요. 물론 그런 어려움이 있지만, 달항아리까지는 아니어도 작은 도자기 하나 정도는 소유해 보시라고 권해 드리고 싶어요. 그래야 우리가 문화 강국으로 더 발전해 나갈 수 있다고 봅니다. 소장은 곧 작가를 후원하는 지름길이거든요. 그러면 작가가 힘을 얻고 더 좋은 작품을 만들 수 있고, 그것이 또 후대에 좋은 영향을 남기게 될 거예요. 물론 개인적인 삶의 만족도가 높아진다는 점도 중요하죠. 달항아리의 용도는 명확하게 밝혀진 것이 없어요. 곡물을 담았다는 말도 있고, 액체를 담았다는 말도 있죠. 그렇지만 현대에서는 내가 원하는 용도로 사용하면 그만이잖아요. 차를 마시면서 가만히 감상을 해도 좋고, 꽃도 한 송이 꽂아보면서 소장의 경험도 해보시기를 바랍니다.

JW 그래도 반가운 것은 이전보다 공예 분야에 사람들이 돈을 쓰고 있다는 부분인 것 같습니다. 공예 전문 화랑이나 상점도 많이 생겼어요. 가격이 저렴하지도 않은데 그것들이 다 팔리고 있고요. 사실 공예라는 단어가 미술의 한 범주로서 조금은 애매모호한 단어였는데, 이제는 '리빙 디자인'이라는 개념으로 우리 곁에 다가오고 있는 게 아닐까 싶습니다. 실제로 리빙 디자인 페어에 가보면 공예와 밀접하게 맞닿아 있는 것들이 많아요. 그러니 그릇이든 의자든 실제로 공예를 경험해 보면서 이것을 너무 어렵게 바라보지 않게 된다면 좋겠습니다.

YS 두 분 모두 굉장히 중요한 부분을 짚어 주신 것 같습니다. 앞으로 달항아리를 포함해 우리 공예, 미술 시장 안에서 두 분 역할이 더욱 중요해지리라 보는데요. 어떤 계획들 갖고 계신가요?

HY 일단 저는 지속해서 젊은 작가들을 인큐베이팅하고 있습니다. 대학을 졸업하고 시장으로 나와서 자신만의 작업을 시작할 때 두려움이 많을 수밖에 없거든요. 해외 교류 또한 활발하게 하고 있기 때문에 2023년에는 시카고와 런던에서 새로운 무언가를 선보이게 되지 않을까 싶은데요. 계속해서 우리 공예를 해외에 알리기 위해 노력할 생각입니다.

JW 저는 마켓에서 일하며 우리 미술 시장을 유익한 곳으로 만들어야겠죠. 특히 고미술품의 특성상 진가에 대한 이야기가 나올 수밖에 없는데요. 누구든 합리적인 의심은 하되 불합리한 손해는 보지 않는 건전한 유통시장을 만들어서 미술이라는 게 멀리 있지 않다는 것을 많은 분께 알려드리고 싶습니다. 달항아리에 관해 덧붙이자면, 달항아리는 지금 궤도에 올라온 상태인데요. 사실 이 궤도에 오르기가 정말 쉽지 않습니다. 그렇기 때문에 그것의 가치를 비판적인 시각에서도 바라보되 높여 나가자, 적어도 깎아내리지는 말자는 생각으로 접근하려고 합니다.

본 컬럼 <뉴 클래식, 달항아리>는
네이버 오디오 클립에서 '어반라이크'를
검색하시면 오디오 콘텐츠로 청취할 수 있습니다.

시간이 빚은 아름다움

Editor Hyeoneui Kim Photographer Mihyun Son
Jewelry Artist Object Neul Ceramist Kyungwon Beak, Hyemi Lee, Yoosh Studio, Kiyo, Herere

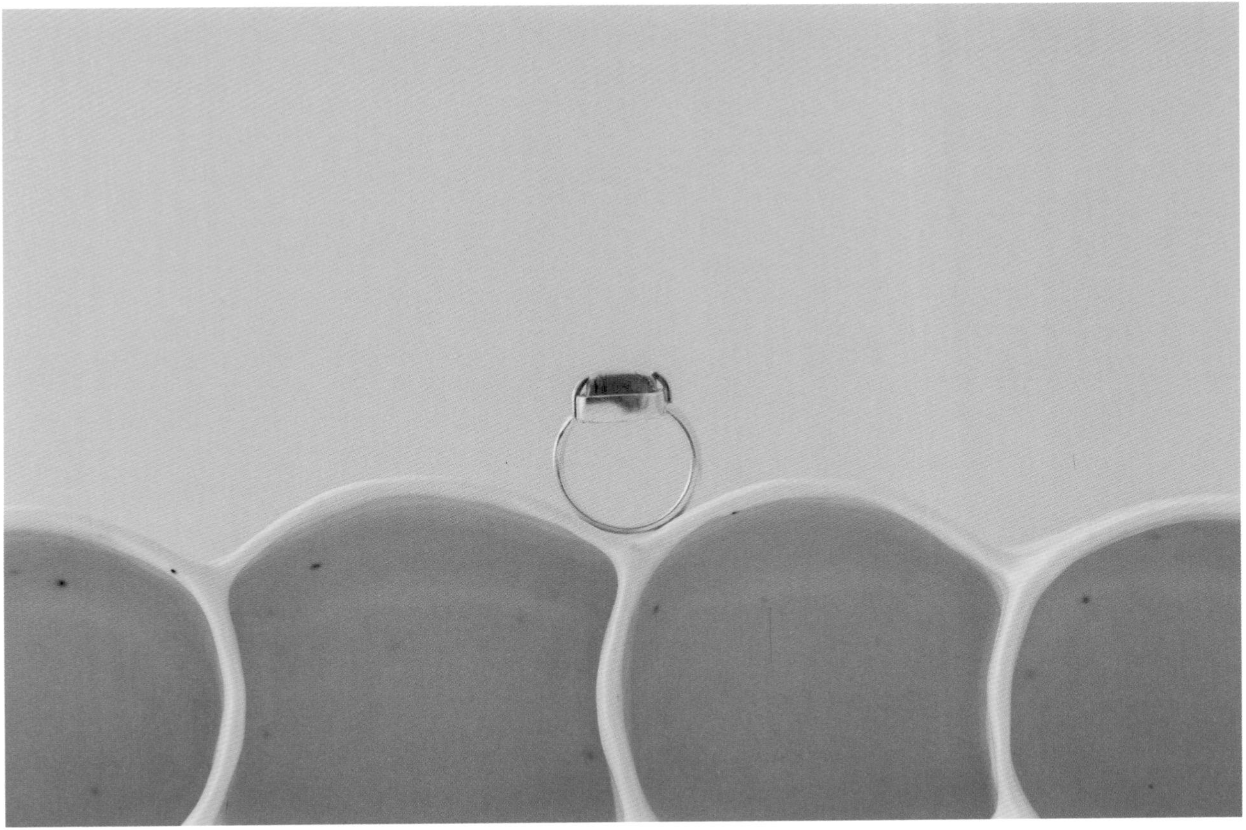

left herere Egg Shell bowl, *right* herere Egg tea jug

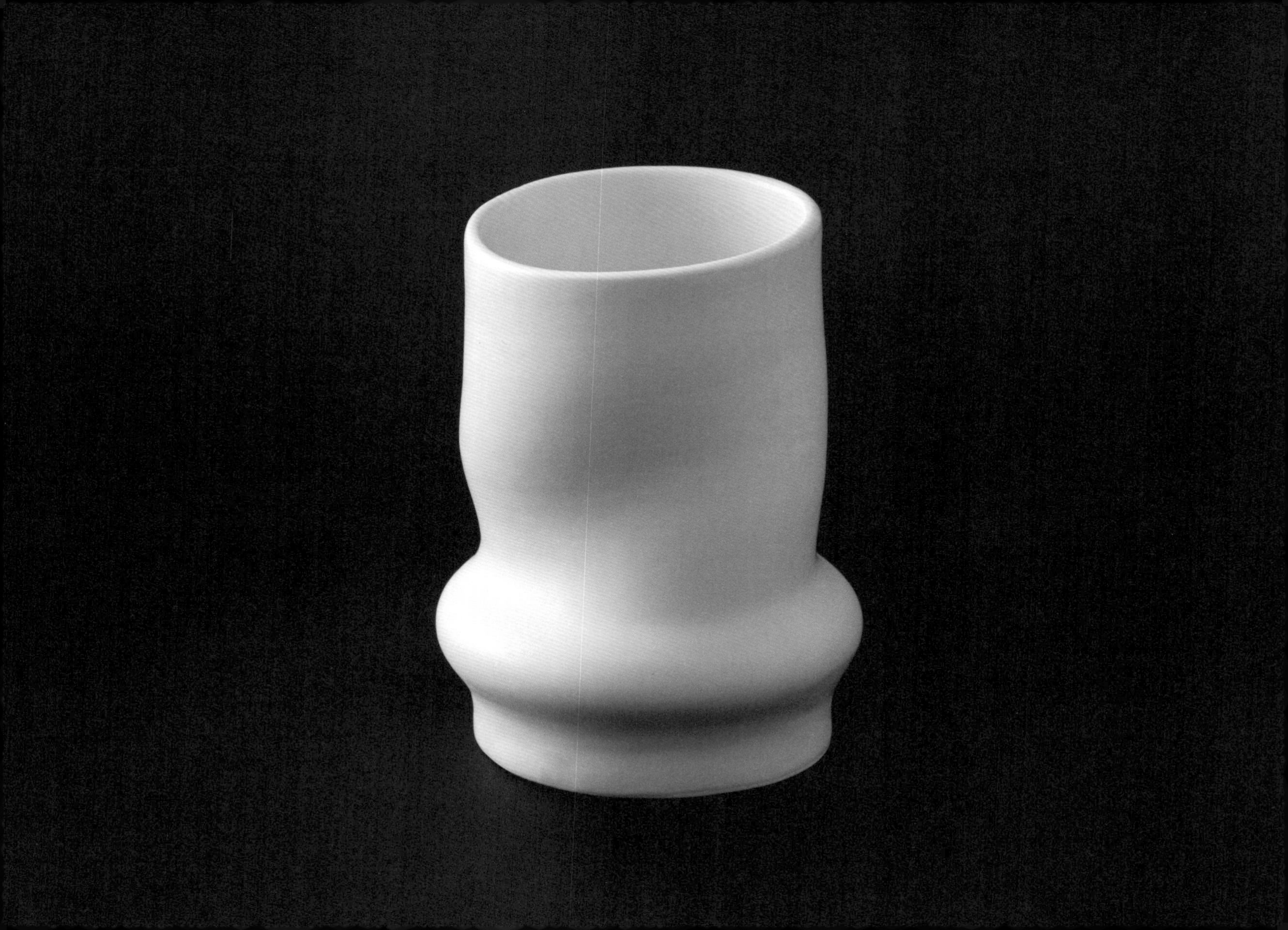

left 이혜미 petit ring octagon plate, *right* 이혜미 High bowl (s)

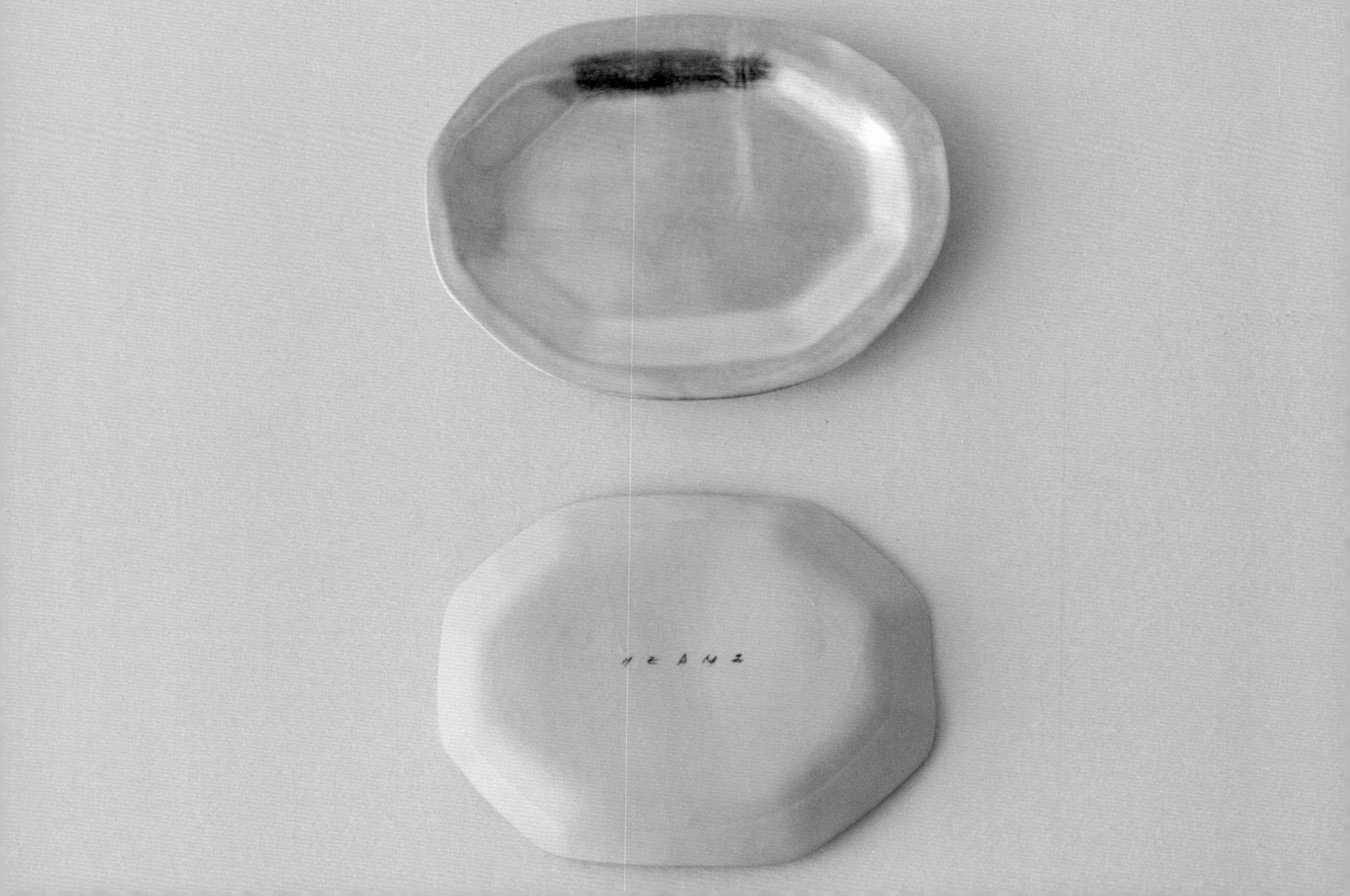

left kiyo goblet bowl milky-way, *right* kiyo from moon series

New And Empty 지승민이 만드는 공기

빈자리에는 새로움이 깃들기 마련.
지승민과 장우림은 공기空器로
공기空氣를 바꾸고 있다.

Editor Solhee Yoon

첫 컬렉션을 2015년에 선보였으니 물레 앞에 앉은 지는 10년이 훌쩍 넘었겠어요.
실감 나지 않아요. 말해주시니 와닿네요. (웃음) 브랜드를 론칭할 때 큰 포부가 있던 것도 아니었어요. 둘이 이야기하다가 "우선… 하자!" 그런 작은 마음으로 조금씩 하나씩 시작했거든요. 그저 끊임없이 만들고 자주 고치고 많이 보완하며 시간을 보낸 것 같아요. 지난 10년을 돌아보면 '열심히 했다' 이 생각만 들어요.

'지승민의 공기' 한남동 쇼룸은 언제 문을 열었나요?
2017년 11월에 열었으니까, 첫 컬렉션을 2015년 3월 서울리빙디자인페어에 선보이고 약 1년 반 만에 쇼룸을 낸 셈이죠. 실제 제품을 보고 싶다는 분들의 문의가 많았고 업무 회의를 하려면 작업장보다는 쇼룸이 좋을 것 같아 자연스레 선택하게 되었습니다. 장우림 실장이 한남동에 살았던 적이 있어서 둘이 이 골목을 자주 지나다녔어요. 자리를 오래 지키고 있는 작은 오피스나 집이 많은 동네 분위기가 저희와 잘 어울리겠다고 생각한 때에 마침 이 공간을 만났죠.

브랜드 론칭부터 주목을 받았어요. 그 까닭에 대해 생각해 본 적 있으세요?
2010년대 초반을 떠올리면 도예뿐만 아니라 전반적인 공예계가 '브랜드'와 '개인 공방' 두 카테고리로 구성됐어요. 그만큼 개인작가가 모든 제품을 제작하면서도 브랜드처럼 체계화한 서비스를 제공하는 곳이 드물었죠. 하물며 1인 작가가 개인 쇼룸을 여는 사례도 잘 없었어요. 보통 고객이 작가 작업장에 방문해 제품을 받아오는 식이었고 작업장이 철수하면 작가와의 소통 경로도 없어지는 사례가 빈번했죠. 저희는 그게 좀 아쉬웠어요. 개인작가 브랜드여도 내부적으로 안정적인 생산 및 판매 시스템을 갖춰야 하고 외부적으로는 열린 경로로 고객에게 서비스를 제공할 수 있어야 한다고 생각했어요. 사용하다가 언제든지 궁금한 것이 생길 수 있잖아요. 그래서 저희 생각대로 한 것인데 아마도 그 지점에서 조금 달리 보이지 않았을까 싶습니다.

또 한편으로는 '지승민의 공기'만의 검박하고 단순한 스타일이 특별해 보였을 수도 있고요.
지금은 '한국적인 디자인'이라고 이해해 주시는데 그때만 하더라도 '북유럽 디자인', 또는 '일본 스타일'로 해석되는 경우가 종종 있었어요. 생각해 보면 일반 대중이 보기에는 한국 자기가 그만큼 다양하지 않았던 거예요. 한국 자기라고 하면 교과서에서 본 고려청자, 조선백자를 먼저 떠올리지 이런 현대 개인 도예가의 생활 자기를 생각하지 않았거든요. 물론 지금은 시장이 많이 달라졌지만요.

그런 이유로 오히려 생활 자기를 아이템으로 삼았나요? 지승민 공예가는 백자 달항아리를 주제로 석사 학위를 받았는데 주력하는 분야는 테이블웨어라 그 이유가 궁금했어요. 이 지점에 도예가로서 지향하는 작품세계가 있을 것 같다는 생각이 들더라고요.
대학원을 졸업할 즈음 알음알음 지인이 주문해오는 2인용, 4인용, 6인용 식기 세트를 만든 적이 있어요. 그때 "써보니까 좋더라"라는 피드백이 그렇게 좋을 수가 없는 거예요. 즐겁고 성취감도 있고. 이런 신난 모습을 본 장우림 실장이 브랜드를 해보는 게 어떻겠냐는 제안을 했고, 그 이후로는 앞서 말씀드린 대로예요. "우선… 하자!" (웃음) 초창기에 지승민 공예가 혼자 밀려드는 주문량을 소화하느라 정신이 없었을 때 그런 고민도 했어요. '테이블웨어

2020 PATINA COLLECTION

2015년 초창기 작품

는 제품이지 작품은 아니지 않나. 내 작품을 해야 하는 건 아닌가.' 홀로 작업만 해온 작가들은 이 마음 알 거예요. 근데 아니더라고요. 생각이 바뀐 계기가 있어요. 한 행사장에서 만난 고객분이 저희가 담은 의도를 모두 이해해주시고 그릇 하나하나를 '지승민의 공기' 작품으로 봐주시더라고요. 그때 제품과 작품은 보는 사람이 결정할 수 있는 건데 스스로 잘못된 기준을 가지고 있었음을 깨달았어요. 그러면서 자유로워졌죠.

'지승민의 공기' 브랜드 정체성을 지키기 위해 어떤 노력을 하세요?

담담하고 소박한 아름다움을 보여주는 조선 백자를 모티브로 단순한 조형성을 구현하되 재료의 물성을 통해 새로움을 추구합니다. 그래서 새로운 컬렉션을 선보일 때마다 소지[1]와 유약을 직접 개발하는 편이에요. 그래서 한 컬렉션을 론칭하는 데 시간이 좀 많이 걸리죠. 이번 가을에 공개한 파피에 PAPIER 컬렉션도 3년을 준비한 거랍니다.

파피에 컬렉션은 어떤 특징이 있나요?

종이 반죽을 개어 형태를 만드는 '파피에 마쉐 PAPIER MACHE'를 떠올렸고, 그 질감이 주는 분위기와 느낌을 자기로 구현해 보고자 했어요. 저희의 가장 큰 도전은 늘 쓰던 소지가 아닌 새로운 백토 소지를 사용한 것이라 할 수 있어요. 종이 물성을 표현하기에 가장 적합한 재료이더라고요. 소지를 새로 들인다는 건 설비를 한 세트 새로 갖춘다는 뜻과 같아요. 흙끼리 섞이면 안 되니까요. 또 저희가 매력적으로 느끼는 유약의 질감은 대부분 상대적으로 제작 공정 자체가 까다롭고 로스율이 커요. 그럼에도 저희가 해보고 싶다는 의미가 있으니까 도전했어요.

컬렉션을 선보일 때마다 매우 분주할 것 같아요. 한 컬렉션을 낼 때 어떤 과정을 거치나요?

어느 단계 하나 쉽게 넘어가는 게 없어요. 도안을 그릴 때부터 샘플을 제작할 때까지 단독으로 볼 때, 전체로 볼 때 그 느낌이 어떤 지를 두고 무게감, 높낮이, 선과 두께를 미세하게 거듭 조정하죠. 사용성 테스트도 2~3달 걸려요. 양념이 많은 음식, 적은 음식, 뜨거운 음식, 찬 음식을 담아보고 전자레인지나 식기세척기 사용도 자주 하죠. 그 과정에서 문제점을 발견하고 디자인 또는 제작 방식을 조정하고요. 단점이 너무 커 출시를 포기할 때도 있고요. 때로는 의외의 성능을 발견해 장점화하기도 하죠.

작품 하나하나를 뭉근히 익히고 돌본 다음 꺼내는 것 같아요. 그렇지만 브랜드이기에 최신 트렌드를 좇아야 한다는 부담감이 없지 않아 있을 것 같은데, 어떤가요?

그런 마음은 없어요. 오히려 저희가 할 수 있는 일을 꾸준히 하면 된다고 생각해요. 서울의 속도와 비교하면 물론 느려 보일 수 있겠지만 저희 스스로 균형을 잡아가며 편안한 리듬을 유지하는 게 제1순위라는 생각이에요. 또 새 컬렉션이 자생력을 가지려면, 그러니까 어떠한 홍보나 마케팅 없이 스스로 팔릴 수 있는 힘을 가지려면 2년 정도의 시간이 필요하더라고요. 제작자 입장에서 1~2년은 긴 시간이지만 사실 처음 보는 사람도 있거든요. '지승민의 공기'를 모르는 사람이 여전히 있으니까요.(웃음) 그러니까 한 컬렉션을 소중히 돌보는 일이 먼저인 것 같아요.

1 도자기를 제작하기 위한 점력이 있는 흙.

2015년 론칭 후 주문량이 쏟아질 때 왜 회사 규모를 더 키우지 않았냐고 물어보고 싶었는데 방금 이 말이 그 답인 것 같아요.

수공예품의 특징은 만드는 이의 몫에 달렸다는 거예요. 그래서 만드는 이 스스로, 혹은 구성원끼리 보는 관점과 기준을 맞추는 과정이 중요하죠. 그 시간의 효율화만 좇다 보면 답은 하나예요. 공장에 맡기는 것. 실제로 그런 이야기를 굉장히 많이 들었어요. '공장에 맡겨서 더 많이 더 빨리 더 싸게 제품을 내라'. 근데 저희는 쇼룸에서 '지승민의 공기' 고객을 직접 만나기에 알잖아요. 그분들이 원하는 품질과 가치를요. 그래서 저희는 직접 전 과정을 컨트롤하고 있어요.

매너리즘에 빠질 때는 없나요? 새로운 실험이나 자극이 필요할 때도 있을 것 같아요.

그럴 때 기업 또는 브랜드와의 컬래버레이션 작업이 톡톡한 몫을 해요. 클라이언트의 요청을 기술적으로 해결하는 과정에서 새로운 배움을, 발견을 얻어요. 예를 들어 오설록 티웨어 세트는 늘 만들던 테이블웨어이지만 오설록 브랜드 요청으로 정량을 맞추는 제작법과 기준을 개발하는 단계가 새로웠죠. 프랑스 디자이너 조명 브랜드 디드로 Disderot 와의 협업에서는 디드로 시그니처 조명 디자인을 오마주한 인센스 홀더를 만들었는데, 여기에는 꽃잎처럼 가장자리가 깊게 파인 부분이 있어요. 근데 그 표현이 자기로 구현하기에는 굉장히 까다로운 것이거든요. 재벌하는[2] 과정에서 그 파인 부분이 내려앉거나 찢어지죠. 그 표현을 구현하기 위해 건조 방식을 많이 연구했어요.

작업하는 데 있어 영향을 준 존재가 있으신가요?

이름을 알 수 없는 조선 시대의 도공들을 존경해요. 지금의 도예가들처럼 번듯한 공방을 갖추고 촉망받는 직업으로 인정받을 때가 아니었잖아요. 기술자일 뿐이었죠. 그런데도 묵묵히 무심히 자신의 일을 했고 이렇게 시대를 뛰어넘는 시대의 정수를 남겨 현대의 많은 이들에게 영감을 주는 작품을 구현했어요. 그들을 상상하다 보면 뭉클해요. 덕분에 제가 일하고 있다고 생각하고요. 또 현대 도예의 개척자라고 불리는 영국 작가 버나드 리치 Bernard Leach를 좋아합니다. 동양 도자에 대한 지식과 정보를 서양에 알리며 83세까지 도예 작업을 했고 시력을 잃은 뒤로 92세로 타계할 때까지 저서를 남겨 지식과 정보를 전파하는 열정을 아끼지 않았죠. 도예를 향한 그 힘과 사랑이 대단하다고 생각해요.

개인적으로 좋아하는 브랜드가 있으시다면요.

패션 브랜드 드리스 반 노튼 Dries Van Noten를 좋아해요. 특히 1990년대 컬렉션을 보면 새로운 매터리얼을 접목하는 데 거침없어요. 그러고 보니 그러한 질감에 대한 관심이 '지승민의 공기'의 금속이나 돌 느낌을 구현한 파티나 PATINA 컬렉션, 종이 질감을 가진 파피에 컬렉션처럼 드러나는 것 같군요.

흙이란 재료가 변화를 수용하는 폭이 넓어서 그런 도전을 다양하게 뻗어갈 수 있는 것 같기도 해요. 하지만 한편으로는 한계도 분명하죠. 대표적으로 사용 시 착색에 유의해야 하고 세척도 바로바로 해야 하는 것처럼요. 그럼에도 현대 생활에 자기가 사랑받는 이유는 무엇일까요?

일반 생활인의 시선에서 보면 식기로 가장 완벽한 소재 같아요. 또한 어릴 때부터 보고 써와서 익숙하고 사용하기 편해요. 또 표현 방식이 너무나 다양하잖아요. 삼시세끼를 먹는 우리 생활에 늘 똑같은 식기를 쓰는 것보다는 음식 따라 기분 따라 다양하게 쓰면 즐거우니까. 그 욕구에 걸맞은 게 자기라고 생각해요.

2 도자기 소성 과정 중 하나로 800~900℃ 정도에서 초벌구이 한 다음 유약을 시유하여 다시 굽는 단계.

조명 브랜드 디드로와 협업한 인센스 홀더 Disderot Collaboration

말씀처럼 취향이나 안목이 다양해지는 사회 분위기가 한몫하는 것 같아요.

팬데믹 시기에 저희가 성장한 이유를 살펴보면 그래요. 예를 들어 파티나 컬렉션이 저희의 예상보다 인기를 끈 이유는 늘 새로운 것을 찾아다니는 사람들 덕분인 것 같아요. 냉정하게 말해 저희는 파티나 컬렉션이 인기가 저조할 거라고 생각했거든요. 쿠퍼 브라운 Copper brown 유약은 기름기나 산성도에 예민해 사용하는 데 제약도 많아요. 단지 만들어 보고 싶어서 만든 저희의 욕망에 가까웠죠. (웃음) 근데 해가 지날수록 찾는 분들이 더 많아요. 기성 제품에만 익숙했던 세대에서 새롭고 다른 무엇을 요구하는 이들이 찾아와요. 아무래도 유튜브 브이로그나 인스타그램 영향이 큰 것 같아요.

그렇다면 앞으로 해보고 싶은 것을 더 해도 좋겠는걸요! 마지막으로 어떤 작업을 준비 중인지 소개해 주신다면?

테이블웨어뿐만 아니라 다른 사물들, 오브제에 관심이 있어요. 집이나 사무실에서 쓸 수 있는 작은 사물들을 만들어보자고 생각 중이에요. 이미 시장에 많은 물건이 있지만 '지승민의 공기' 시선에서 저희 결로 표현하면 또 다른 재미가 있을 것 같아요. 저희 스스로도 궁금하고요.

* 본 칼럼은 지승민의 공기를 이끄는 지승민 도예가와 장우림 실장의 이야기를 정리한 내용입니다.

버나드 리치의 여정을 따라서

Bernard Howell Leach

1935년 조선의 땅을 처음 밟은 한 영국인이 있었다. 고국으로 돌아가는 길, 그는 우윳빛의 달항아리 한 점을 안고 가며 이런 말을 남겼다. "나는 행복을 안고 갑니다." 20세기 영국 출신의 유명 도예가이자 현대 도예의 아버지로 불리는 버나드 리치 Bernard Howell Leach 얘기다.

내가 그를 처음 알게 된 것은 도쿄에 살 때였다. 그곳에서 가장 부지런히 한 일 중에 하나는 일주일에 한두 번 전시를 보러 다닌 것이었는데, 특히 고마바 지역의 일본민예관에 다녀오는 날이면 어깨가 한껏 펴지고 발걸음이 가벼워졌다. 조선을 사랑한 일본인이자 일본에서 민예운동을 이끈 야나기 무네요시가 세운 이 공간에는 오랜 시간 그가 수집한 우리나라의 조선 백자를 비롯, 선조들이 만든 귀한 민예품들이 마치 살아있는 생명체처럼 나를 반겼다. 그것들은 과한 조명이나 화려한 디스플레이 하나 없이도 고아한 정취를 드러냈다. 그런데 신기하게도 전시된 많은 귀중한 민예품 중 유독 마음이 끌리는 작품을 보면 버나드 리치라는 이름이 적혀 있었다. 꾸밈없이 담백하면서도 수수한 멋의 화병과 접시, 족자의 그림들… 심지어 지금 만들고 그린 것이라 해도 손색없는 그것들에는 어딘지 세련된 분위기와 품위가 있었다. 하지만 가장 놀라웠던 부분은 동양이 가진 여백의 미, 특히 조선 미감의 본질을 완벽하게 이해한 사람이 만든 것처럼 우리 것과 묘하게 닮아있다는 것이었다. 그렇게 버나드 리치의 흔적을 좇는 나만의 여정이 시작되었다.

작년 여름, 세찬 비를 뚫고 도치기 현의 마시코를 찾은 건 버나드 리치와 하마다 쇼지가 영국 세인트 아이브스 St. Ives 에 세운 리치 공방 The Leach Pottery의 100 주년 기념 전시를 방문하기 위해서였다. 일전에 오카야마 현 구라시키의 오하라 미술관에서 만난 그들의 작품을 잊지 못해서 더욱 놓치고 싶지 않았던 전시는 한적한 뮤지엄의 낮은 조도와 고즈넉한 분위기 때문일까. 여름비에 젖은 풀냄새 가득한 시골 마을 깊숙한 곳에 놓인 그의 작품은 더욱 묵직하고 은은한 여운을 전해주었다.

사람이 하는 일에는 무릇 그 사람의 천성이 묻어나는 법이다. 글과 음악, 건축 등 표현하는 형태가 무엇이든 간에 그것은 결국 그 사람의 정서를 담아내는 그릇이라고 믿는다. 그럴듯한 미사여구와 분석으로 대작을 품평하는 수준은 전혀 못되지만, 그저 매일 요리를 하고 그릇을 쓰는 내가 버나드 리치의 도자를 좋아하는 이유는 단순하다. 푸근해서다. 넉넉하고 둥근, 열린 마음의 결이 고스란히 전해진다. 그의 작품은 오묘하다. 동양적 기품과 서양적인 미감이 동

Word by 이민경 <도쿄 큐레이션>의 작가, 칼럼니스트

시에 느껴진다. 무엇이 옳고 그른지 함부로 따지지 않고, 장점은 적극적으로 배우려는 유연한 사고가 부드러운 양감과 멋 부리지 않은 마무리, 정형화되지 않는 형태와 질감, 그리고 자연스러운 유약의 흐름에서 그대로 나타난다. (반면 하마다 쇼지의 작품에서는 단순한 형태에 대담한 드로잉이 눈에 띈다.) 아마도 홍콩과 일본, 영국에 걸친 다면적 삶의 배경이 큰 영향을 미쳤으리라 짐작해 본다.

이렇게 말하면 웃길지 모르겠지만 지난 전시에서 내가 가장 크게 느낀 것은 좋은 친구를 곁에 두는 것과 끊임없는 여행의 중요성이었다. 그는 일본 생활 중 민예연구가 야나기 무네요시를 만나 조선의 도자기에 대해 처음 알게 됐고, 도예가 하마다 쇼지와 깊은 우정을 나눴으며, 이 세 친구와 떠난 서울 여행에서 우리 달항아리의 매력을 깨닫게 된다. 이외에도 그는 프랑스, 독일, 스페인 등지의 여행에서 섭렵한 아름다움을 가슴에 품고 영국에 돌아와 본토의 흙과 유약 등을 이용해 자신만의 작품 세계를 펼쳐 보였다.

사실 리치 공방의 존재가 오늘날 그 가치를 인정받고 있는 것은 그가 이룩한 도예 작품의 스타일이 단지 미학적으로 뛰어나기 때문만은 아니다. 산업화 이후 기계화와 대량 생산을 앞세우며 오히려 후퇴한 영국의 자기 문화에 아랑곳하지 않고, 역설적이게도 시간을 거슬러 올라가듯 장인이 손으로 직접 만든 도자기의 중요성을 강조했기 때문이다.

특히 그는 개인 또는 소수의 도예가 그룹이 도자기 제작의 모든 과정을 담당하며 만든 이의 개성과 의도, 손맛을 중시하는 '스튜디오 도자기'라는 개념을 내세웠는데, 당시의 시대 상황을 고려해 보면 매우 파격적이고 선진적인 행보가 아니었을까 싶다. 시대의 흐름을 완벽하게 거스르며 자신만의 길을 개척해 나가는 건 비단 추진력 뿐만 아니라 내적 확신과 용기라는 단단하고 커다란 마음의 그릇이 필요한 일이다. 그러니까 그가 오늘날 '현대 도예의 아버지'라는 이름으로 불리는 진짜 이유를 살펴보면 도예가를 기술과 장인 정신, 예술성을 고루 갖춘 아티스트의 개념으로 격상시켰음은 물론이요, 동서양이 혼합된, 유연하고도 탄탄한 문화적 토대를 기반으로 자신만의 확고한 도예 철학을 구축했기 때문이라고 나는 생각한다.

이렇듯 어떤 여행과 친구는 단지 추억의 한 귀퉁이에서 웃음짓게 하는 존재가 아니라 누군가의 일생을 송두리째 바꾸기도 한다. 흔히들 여행을 자신을 발견하는 여정이라 하는데, 그의 생애를 훑어보면 여행이란 때론 자신의 소명을 구체화하고 실현시키는 계기이자 기폭제가 될 수 있겠다는 생각이다.

얼마 전 읽은 책 <도예> (대원사)에 따르면 한 나라가 훌륭한 도예 문화를 갖고 있다는 것은 당시의 정치, 경제, 사회가 여유있고 안정되어 있음을 나타내는 것이고, 그보다도 높은 문화 수준을 갖고 있었음을 증명하는 것이라고 한다. 또 영국의 미술 평론가 하버트 리드 Herbert Read는 한 민족의 민족정신과 사회 기풍은 흙이라는 표현 매체를 통해서 나타나기 때문에 한 나라의 예술과 감수성의 세련미를 알아보려거든 그 나라의 도자기를 보고 판단하라고 권한다고. 결과적으로 버나드 리치는 리치 공방을 통해 영국의 오랜 전통이었던 슬립웨어 Slipware를 다시 부활시켰고, 동시에 일본에 소개하여 현재 일본에는 하나의 독특한 슬립웨어 디자인이 생겨났다. 이 또한 많은 작가들이 모두 열린 마음으로 소통하고, 존중하며, 적극적으로 연구하고 개발한 결과다. 잊었을 수 있지만, 임진왜란 당시 우리의 도예 기술을 배워갔던 바로 그 일본이다. 세계적으로도 훌륭한 동양 최고의 도예 문화를 가졌던 우리는 안타깝게도 해방 이후 혼란기와 6.25를 거치며 일본에 그 명성을 내어준 지 오래다. 혹은 그간 빛바랜 영광이나 전통의 부활이라는 측면에만 지나치게 집중한 탓에 생활 속의 자기로 자리매김하지 못한 것은 아닐까.

다행히 요 몇 년 사이 한국의 많은 젊은 작가들이 자신만의 캐릭터를 살린 도예 브랜드를 만들며 새로운 도예 붐을 이끌어가고 있다. 그 참신한 활동들이 해외 소비자들의 SNS에서까지 심심치 않게 목격되면서 가까운 미래에 케이 팝에 이은 케이 세라믹이 나올까 궁금해지기도 한다. 작가들의 노력도 중요하지만, 우리 스스로 열정적인 소비자가 되어 한국의 도예를 일상적으로 즐기고 애정하며 생활의 필수품으로 소비하는 자연스러운 문화 없이는 안 될 일이다.

지난 마시코 여행에서 나는 버나드 리치의 제자였던 스승에게 도예를 배운 한 영국 부부 작가의 저그를 구매했다. 구수하고 수더분한 흙의 질감이 고스란히 느껴지는 이 붉은 갈색의 저그에는 일본에서 배운 이케바나를 종종 내식대로 즐기고 있다. 더불어 내년에는 국내외 여행을 자주 다니고 싶다. 버나드 리치의 삶에서 비추어보듯 쌓아온 경험과 시간, 여행이 나만의 세계관을 만드는 것이라면, 나 또한 용감하게 끊임없이 부딪히며 또 배우고 싶다. 무엇보다 그 길의 여정에 무엇이 있을지, 가보지 않고서는 알 수 없으니까.

이민경
십여 년간 잡지사 패션 에디터로 일했으며
도쿄로 건너가 생활하며 다수의 온오프라인
매체에서 브랜드와 라이프 스타일 관련 칼럼을 썼다.
현재 도쿄의 공간과 생활, 사람을 담은 책
『도쿄 큐레이션』을 출간했다.
@tokyo_mk

Bernard Howell Leach
1887–1979

Steve

Harrison

도예가 스티브 해리슨

Editor Archi Kim   Assistant Sumin Ha

40년 동안 컵을 만들었지만
완벽한 컵을 만들지 못했기에
여전히 도자기를 굽는다는
도예가 스티브 해리슨.
마치 깨지기 쉬운 삶을 살아가는
사람처럼 도자기 역시
완강하면서도 연약한 삶을
반영하고 있다고 말하는
그와 주고받은 이야기.

1 Impasto: 유화물감을 두껍게 칠하여 그림을 그리는 방식

스티브 해리슨
Steve Harrison
런던과 웨일스를 오가며 특유의 소금을 활용한 유약 작업으로 세계적인 팬층을 거느리고 있는 영국 출신 도예가
steveharrison.co.uk

한국 독자들에게 당신을 소개할 수 있어서 기쁩니다. 세라미스트의 시작에 대해 말씀해주세요. 어떻게 도예가로 첫발을 내딛게 되었나요?

왕립예술대학(RCA)에서의 석사학위를 마친 후, 당시 공예위원회로부터 보조금을 받았는데, 이는 제가 작업실을 준비하는 데 재정적인 도움을 주었어요. 고등학교 시절부터 도자기에 관심이 있었지만, 지금까지 작업을 할 수 있을 수 있는 건 경제적으로 도움을 받았던 현실적인 계기가 있어서였습니다. 당시만 해도 도예에 인생을 바칠 수 있을지 저 자신조차 확신할 수 없던 때였으니까요.

오랜 시간 세라미스트로 살아왔습니다. 누구에게나 시작은 있는 법입니다. 당신의 시작은 어떠했나요? 초창기 당신의 모습에 대해 말씀해 주세요. 그때와 지금 다른 점은 무엇인가요?

놀랍게도 도자를 40년간 만들었지만, 저는 여전히 학부생이었을 때와 마음이 같아요. 이건 흙을 가지고 작업하는 것에 제가 엄청난 애정을 품고 있기 때문인 것 같습니다. 나의 가장 큰 영감은 손으로 빚은 컵에 대한 아이디어이자, 그것이 차를 마시는 단순한 행위에 어떤 영향을 주는지에 있었죠. 이러한 생각과 감정이 저를 사로잡았고, 일상에서 계속하여 그 개념에 대해 탐구하고 있어요.

작품을 완성하기까지 쉽지 않은 과정을 거치는 걸로 알고 있습니다. 당신의 작업 방식에 대해 소개해 주세요.

도자가 완성되기까지의 과정이 위치적으로도 분리되어 있는데, 도자를 빚는 건 런던 엔필드지만 굽는 건 가마가 있는 웨일스거든요. 제가 RCA에서 배우며 정리한 흙을 빚고 프레스 성형하는 방법을 아직도 사용하고 있어요. 각 과정은 많은 시간을 필요로 하지만, 여전히 그 방식을 고수하고 있습니다. 제 작업을 두고, 사람들이 자주 이야기하는 두 가지 주목할 만한 특징이 있습니다. 하나는 도자를 얼마나 얇게 쌓아 올리는지, 다른 하나는 도자 표면에 식염 유약을 어떻게 조절하는지입니다. 식염 유약을 바르는 것은 매우 어려운 작업이에요. 예측할 수도 없고, 그 결과도 매우 다양하죠. 일반적인 양의 소금이 높은 온도의 가마에 들어갔을 때, 이는 소금 증기를 형성하여 도자와 가마 안을 가득 덮곤 합니다. 너무 많은 양의 소금은 색을 잃게 만들고, 반대로 지나치게 적은 양은 색을 탁하게 만들기도 합니다. 저는 이 과정을 마치 유화를 임파스토[1]하여 수채화처럼 흘러나오게 하는 것과 같은 과정이라 생각합니다. 그만큼 쉽지 않은 과정을 거치다 보니, 만들 수 있는 도자의 수량이 늘 한정적입니다.

당신의 작품에 영향을 미치는 가장 큰 요소는 무엇인가요?

초반에 제 작업은 웨지우드 Wedgewood, 달톤 Dalton 등의 갤러리나 뮤지엄 그리고 버나드 리치 Bernard Leach, 믹 캐슨 Mick Casson 등의 현대적인 도자 스튜디오에 방문하며 많은 영향을 받았습니다. 이제는 제 작품에 영향을 받는 이들이 예전의 저처럼 생겨나고 있기에 더욱더 연구하고 탐구하는 시간을 가지려고 합니다. 역사적으로 버나드 리치 Bernard Leach와 같은 도자 스튜디오의 영향으로, 1970년대에 도자 제품이 풍부하게 생산되었다면, 현대에 이르러서는 하나씩 만들어지는 도자에 더 관심을 두고 있다고 생각합니다. 이는 제가 작업에 접근하는 방식이기도 한데, 저는 절대 제 컵들을 세트의 한 구성으로 보지 않으려고 합니다. 하나하나 개별적으로 바라보고 있죠.

어반라이크 매거진은 도시 창작자의 삶을 기록하고 있습니다. 이번 이슈 '삶을 담는 도구, Earthware'는 자연과 가장 친밀한 도구로서 세라믹을 조망하고 있습니다. 세라믹은 실용적인 역할과 심미적인 기능을 동시에 지니는데, 당신이 생각하는 세라믹의 가장 큰 역할은 무엇인가요?

도자기는 삶을 반영합니다. 완강하면서도 동시에 연약해요. 그들도 우리처럼 깨지기 쉬운 삶을 살아내고 있는 것이죠. 도자기는 삶을 의미하고, 도자기 없는 삶은 존재하지 않습니다. 제게 흙의 가장 근원적인 면모는 이를 사용함에 있습니다. 장식품과 조각품도 물론 좋지만, 도자 제품을 들고 사용하는 것만큼 좋은 건 없다고 생각합니다.

어떤 이들이 당신의 작품을 소장하고, 사용하길 원하나요? 당신의 작품이 놓였으면 하는 이상적인 장면 scene이 있나요?

제 작업을 볼 수 있는 가장 특별한 장소는 작업하는 날의 작업실입니다. 제 작품을 사용했으면 하는 특정한 사람을 생각해 보진 않았지만, 삶의 순간을 살아가며 마주하는 여러 의식에 대한 감각과 감수성을 지닌 사람이면 좋을 것 같네요.

40년 동안 꾸준히 작품 활동을 할 수 있는 원동력은 무엇인가요?

같은 것을 두고 매번 도전하며 새로운 아이디어를 발견해야 해요. 예를 들면, 저는 40년 동안 컵을 만들고 있지만, 여전히 완벽한 컵은 찾지 못했어요.

일반적인 회사에 다니는 사람들과 달리, 창작자들은 자신만의 루틴을 갖고 있습니다. 당신의 하루는 어떻게 이루어져 있나요?

만일 제가 도자 작업을 하고 있다면, 그날 하루는 오롯이 이를 중심으로 돌아가요. 집중해서 작업을 끝내기 위해 최대한 방해받지 않으려 합니다. 보통 새벽 6시에 전날 작업을 마무리하며 하루를 시작하곤 하는데요. 이것이 끝나면, 흙을 성형하며 대부분의 아침을 보내죠. 낮에는 계속 도자를 살피고, 손잡이를 성형하기도 하고, 물을 조절하여 뿌리기도 합니다. 저녁에는 각기 나뉘어 있는 부분을 모으며, 다음날 이들을 하나로 조립할 것을 기대하곤 합니다. 저는 보통 작업할 때, 몇 주를 휴식 없이 한 번에 이어 진행하는 걸 선호합니다. 작업 시간 이외에는 티타임을 통해 하루를 구성하는 뼈대를 마련하곤 하는데, 각기 다른 시간에 다른 차를 마셔요. 종종 기분에 따라 차를 선택하곤 합니다. 저에겐 그 무엇보다 소중한 시간이죠.

런던과 웨일스를 오가며 작업한다고 하셨는데, 각각의 도시에서 이루어지는 작업은 무엇인가요?

정말 흥미로운 질문인데요, 저는 지금까지 런던에서 작업하고 웨일스에서 구워내는 분리된 작업 활동을 해왔지만, 한 번도 이를 바꾸고 싶진 않았습니다. 너무나 당연한 방식이어서 이에 대한 특별한 이유를 생각해 본 적이 없네요. (웃음)

그간의 작업 중, 가장 기억에 남는 작품이 있다면 소개해 주세요. 그 이유도 궁금합니다.

최근 전시인 'The Age of The Beaker'가 아닐까 싶네요. 질문은 이러했습니다. '만일 내가 하나의 도자 제품만 가질 수 있다면, 무엇으로 하겠는가?' 저는 이에 대해 셰프이자 작가인 나이젤 슬래터 Nigel Slater와 깊은 대화를 하며 조사를 2년간 이어갔습니다. 그와 주고받은 소통과 영감은 상당했는데요. 아마도 이것이 제가 경험한 가장 심오한 여정이 아니었나 하는 생각을 해봅니다.

당신의 인생에서 큰 의미를 지닌 세라믹은 무엇인가요? 더불어, 단 하나의 세라믹을 소장해야 한다면, 어떤 세라믹을 남기겠습니까?
나무 숟가락이 든 비커 The Beaker with the wooden spoon라 하고 싶습니다. 저는 한동안 오로지 한 그릇에 모든 걸 먹고 마시면 어떨지 유심히 지켜보았던 적이 있습니다. 이제는 이것이 그저 이념적인 개념에 해당한다는 것을 알아요. 다양성에 대한 애정이 우리로 하여금 사람으로 살아가게 하니까요.

의외로 많은 이들이 세라믹을 선택하는 데 어려움을 느낍니다. 대개는 '기능'에 충실한 합리적인 가격을 지닌 양산품을 구입하는 것이 일반적입니다. 이런 이들에게 조언해 주신다면요.
도자기를 구매할 때, 가격은 가장 마지막에 확인해야 합니다. 마음속에 깊은 감동이 있다면, 본능을 믿고 따라가야 합니다.

새로운 시리즈를 선보일 계획이 있으신지요? 만약 새 시리즈를 만든다면 어떤 콘셉트를 구현해 보고 싶으신지요?
지금까지 저는 티포트, 머그잔, 항아리 등 다양한 도자를 만들어 왔어요. 최근에는 이것이 방해되어 오로지 컵에 집중하여 작업을 이어가고 있고, 앞으로는 이렇게 작업을 해나갈 것 같아요.

많은 젊은이가 좋아하는 일을 찾고 싶어 합니다. 외길을 걸어오신 당신의 삶을 반추해 볼 때, 좋아하는 일을 찾기 위해서는 어떤 노력을 기울여야 하는지, 어떤 과정을 거쳐야 하는지 조언해 주신다면요.
도자를 만든다는 것에 몰두했던 지난 40년을 돌아보면, 저는 처음 이 일에 사로잡혔을 때, 무슨 일이 일어나고 있는지 전혀 몰랐던 것 같습니다. 그저 현재에 충실했을 뿐이죠. 만일 여러분이 자신의 열정이 어디를 향하고 있는지 찾고 있다면, 이를 한참 후에 깨달을 수 있을지도 모르겠습니다.

마지막 질문입니다. 세라미스트 스티브 해리슨으로 살아온 삶은 어떠셨나요?
제가 지금 사는 삶은 도자를 처음 만들고, 구웠던 날과 다르지 않은 것 같습니다. 특별히 바뀌었다고 할 건 없어요. 그 설렘이 여전히 내 안에 있기 때문입니다. 좋은 도자기는 작은 모형의 마법을 담고 삶을 가득 채웁니다. 이것은 기술적인 측면으로도 가려질 수 없는 것입니다.

The Life of Earth

Editor Minah Wang   Photographer Minhwa Maeng

흙으로 빚는 삶

버튼 하나, 터치 한 번이면 원하는 모든 것을 만들 수 있는 시대.
진정한 아름다움은 자연의 일부인 '손 Hand'에서 시작된다는 믿음을 지닌 세라미스트의 공간을 찾았다.

나이트프루티

NIGHTFRUTI

자연의 소재와 추상적인 패턴을 기반으로
흙을 빚으며 그리는 김소라 대표가 운영하는 도자 브랜드.
쓰임이 있는 도자 제품을 주로 제작한다.
@nightfruiti

'밤의 열매'라는 뜻의 이름

브랜드를 시작하던 6년 전, 밤을 정말 좋아했다. 밤에 유독 작업이 잘되고, 그러다 보니 낮보다 더 오래 깨어있었다. 그 밤 시간에 나온 열매라는 의미로 '나이트프루티'라고 이름을 붙였다.

여러 공예 중에서 세라믹을 선택한 이유

화가가 되고 싶다고 했더니 아버지께서 디자인 입시 미술학원에 데리고 가셨다. 그렇게 진학한 시각디자인과는 내가 원하는 작업 방향이 아니라 결국 자퇴하고 재수에 삼수를 거쳐 도예과에 들어갔다. 말랑한 흙작업을 해보니 회화적이기도, 공예적이기도 한 도자공예가 나에게 맞다는 걸 느꼈다.

흙이라는 재료만 해낼 수 있는 것

도자가 다른 분야와 구분되는 지점은 가마에서 고온으로 여러 번 구워낸다는 점이다. 불의 온도와 소성 시간에 따라 결과물이 달라져 가마를 열 때마다 기대하게 된다. 말랑한 흙은 처음에는 뭐든 만들 수 있을 것 같지만 의도한 모양으로 빚은 후 가마소성을 해야 비로소 쓰임이 가능하거나 형태를 유지할 수 있다. 물론 물감이나 유약, 가마의 온도 등 다른 요소도 중요하다. 실제로 페인팅과 유약을 바르는 작업에 할애하는 시간이 흙을 만지는 시간보다 더 길기도 하다.

작업에서 중점을 두는 부분

손으로 직접 사용하는 제품이 많아서 무게가 쓰임에 불편함이 없는지를 중요하게 생각한다. 무겁진 않은지, 너무 얇진 않은지. 터치 하나에도 민감해하는 사람이 있다는 걸 안 뒤로는 페인팅이 균일하게 나오는지도 집중하게 되었다.

작품을 구상하는 방식

친숙한 소재를 끌어와 구상하는 경우가 많다. 조개나 달, 버섯 등 좋아하는 소재를 가져와 만들어보고 그것들이 가장 자연스러울 수 있는 형태와 컬러, 기능으로 각각 디자인한다.

나이트프루티를 대표하는 작품

고블렛 모양의 제품을 찾는 분들이 많다. 집에서 와인이나 위스키를 즐겨 마시는데, 도자기를 와인잔 형태로 만들어 술잔으로 사용하면 재밌겠다는 생각으로 만들었다. 익숙한 형태에 귀여운 패턴과 그림을 얹어서 많이들 찾는 게 아닐까. 쉬워 보이는 소재일 수도 있지만 나이트프루티만의 색감을 더해 새롭게 보일 수 있도록 만든다.

나이트프루티의 세라믹이 놓인 공간

유쾌하고 달콤한 분위기가 더해졌으면 좋겠다. 옷장에 단정한 무채색 옷만 있다면 재미없다. 모스키노나 미우미우처럼 통통 튀는 것도 같이 있어야 더 재미있으니까.

세라믹의 현재

예전에는 혼수 식기로 혹은 어머니들이 주로 구매했다면, 요즘 젊은 세대는 쓰고 싶은 컵은 자신의 돈으로 구매해서 사용한다. 접시나 오브제를 모으는 소비가 많아졌고, 도예에 대해 접근이 쉬워져서 직접 만들어 소유하기도 한다. 이제는 좀 더 캐주얼하고, 어렵지 않게 사용할 수 있는 것으로 받아들인다고 생각한다.

오브제와 일상용품 사이

제품을 구매해 사용하지 않고 진열해 놓는 경우도 많은데, 오브제의 영역에 일상용품이 들어와 있는 개념일 거다. 의도적으로 쓰임을 고려하지 않고 만드는 것들이 일부 있다. 예를 들어 버섯 모양 도자기는 화려한 색감으로 만들어 눈으로도 충분히 즐길 수 있게 해보고 있다. 오브제를 구매해 악세서리를 올려놓거나, 각자 나름대로의 기능을 부여하는 경우도 많다.

세라미스트가 정의하는 '아름다움'

무엇보다 '보기 좋은 것'. 역할이 어떤 것이든 우선 보기에 좋아야 한다. 다만 무작정 화려하기만한 것보다는 조화로워야 하지 않을까. 색과 조형이 조화로운 것, 어색하지 않게 보기 좋은 것, 그런 것들이 아름답다.

앞으로의 작업

주로 스케일이 작은 작업물을 만들다 보니 스케일이 조금 큰 작업을 해보고 싶다. 존재감이 강한 조명이나 벽거울을 현재 구상 중인데, 곧 선보일 예정이다. 뜨개질이나 바느질처럼 다른 재료로 다루는 패브릭 작업도 시도해 보고 싶은 영역 중 하나. 기술을 터득하는 데 시간이 걸리는 것들이라 나중에 여유가 생긴다면 꼭 해볼 거다. 재료와 방식이 어떤 것이든 일상적인 공간에 좋은 포인트가 되는 걸 만들겠다는 마음이다.

COLLECTION

1
조개잔

2, 4
Mushroom case

3
Egg vase

1

2

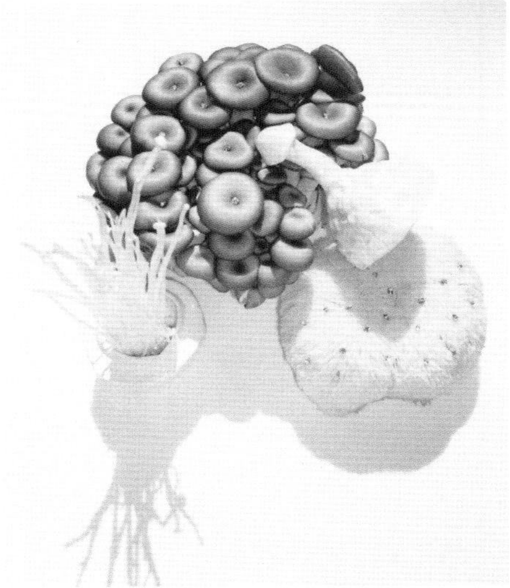

3

4

백경원

Kyungwon Baek

핸드 빌딩 기법으로 고유의 단정한 자기를 만드는 세라미스트.
덴마크와 서울 등 여러 도시를 거쳐 작품 활동을 하고 있고,
다양한 분야에서 협업을 선보인다.
@kyungwon_baek

부드럽고 유연한 도예

공예를 전공했다. 입학해서는 기초 조형을 배우며 여러 종류의 물성을 다뤄보고, 2학년이 되면서 금속과 도자 중에서 선택하는 상황이었다. 딱딱하고 정확하게 떨어지는 물성의 금속은 내 성향과 아주 잘 맞진 않다고 생각했다. 물론 도자에서도 정확도는 필요하지만, 내가 타고난 기질에는 은은한 도자 쪽이 조금 더 자연스러웠다.

흙이라는 재료만 해낼 수 있는 것

쫀득한 점성을 가진 흙을 점토라고 하는데, 그 종류가 정말 다양하다. 아마 각자 생각하는 '흙'의 지점이 다를 거다. 내가 주로 다루는 흙의 성격으로 보자면 즉흥적이고 직관적인 표현이 가능한 재료가 아닐까. 흙이 표현할 수 있는 범위는 넓다. 이를테면 금속처럼 기계적인 표현도 충분히 가능하고, 또 반대 측면으로는 끝없이 섬세한 면도 보여줄 수 있고. 가변성이 크다. 점토, 그러니까 흙은 어떻게 다루는지에 따라 결과물이 달라진다. 재미있고 어려운 재료라 할 수 있다.

작업에서 중점을 두는 부분

핸드 빌딩 기법으로 흙을 쌓고 꼬집으면서 성질을 바꾸며 만든다. 꼬집어 늘리는 핀칭, 돌돌 마는 코일링, 핸드 빌딩의 여러 기법을 복합적으로 사용한다. 물레로 만드는 것보다 더 자연스럽고 부드러운 비정형의 형태를 얻는다. 다만 너무 투박하거나 거친 느낌보다는 반듯하고 단정하게 완결된 형태를 지향한다.

세라믹의 현재

세라믹을 찾는 사람의 연령층이 다양해졌다. 마찬가지로 받아들이는 작업의 폭 역시 넓어졌다. 무엇보다 작가가 만든 도자기를 향유하는 흐름이 달라졌다. 불과 몇 년 사이의 변화다. 괜히 멀게 느끼던 거리도 가까워진 것 같고. 다들 세라믹을 이전보다 더 자연스럽게 즐기고 있다고 생각한다.

세라믹의 영역에 대한 고민

분명하게 분리하긴 어렵다. 식기나 스테이셔너리 작업을 하면서도 성격을 조금만 조정하면 오브제로 넘어간다. 사실 어느 쪽으로든 모두 연결되어 있고, 서로 영향을 주고받기 때문이다. 컵을 하나 만들어도 조형성을 완전히 배제할 순 없다. 그렇지만 전형성에서 살짝 벗어나고 싶은 마음 정도는 있다. 오브제 작업을 할 때 조금 더 재미있는 것도 사실이다. 자유롭게 열어놓고 조형적인 선을 만들 수 있으니까.

세라미스트가 정의하는 '아름다움'

아름다움을 생각하면 꼿꼿함이 떠오른다. 삶의 태도가 작업에도 반영이 되니까, 내 작업도 반듯하고 꼿꼿하길 바라는 마음이다. 그러면서 작업이 더 자유로워졌으면 좋겠다는 생각도 한다. 아름다운 작품은 만드는 사람이 좋다고 생각하는 가치가 잘 반영되어 있는 것 아닐까. 태도, 마음, 방향 같은 것들. 누구에게나 예쁜 걸 두고 아름다움이라고 말하고 싶진 않다. 만든 사람이 잘 묻어나는 것이 아름답다.

나만이 할 수 있는 것

배려도 좋지만 조금은 자유로웠으면 한다. 신경 쓰는 것들을 조금은 걷어내고 싶고, 과감해지고 싶기도 하고. 각자의 성격과 기질만큼 작품도 달라진다. 노력하고, 포기하기도 하고, 지켜낼 건 반드시 지키고. 작품에 모두 담겨있다. 요즘 작업하는 오브제 작품에 많이 풀어보기도 하는데, 계속해서 고민해야할 부분인 것 같다.

앞으로의 작업

작업만 하는 것보다는 이 일을 매개체로 다른 사람들과 이야기의 장을 만들거나, 도움이 될 수 있는 방법은 어떤 것일지 생각한다. 결국 같이 사는 세상이니까, 세라믹을 통해 끼칠 수 있는 영향력이 있으면 좋겠다. 작은 것이라도.

COLLECTION

1
식물의 생장 시리즈
(The Plant Growth and Development series)
22-31×15-25×23-29cm, 조합토, 핸드빌딩기법,
산화소성, 2021 ©손미현

2
단상들 시리즈(Thoughts series)
(왼)27.5×18.5×8.3cm, (오)29×16.7×10.5
조합토, 핸드빌딩기법, 산화소성, 2019 ©전병철

3
분할 시리즈(Divided series)
(왼)30.5×6×7.5cm, (가운데)27×7×7.6,
(오)24×6×9.3, 조합토, 핸드빌딩기법, 산화소성.
2019 ©전병철

1

2

3

오자크래프트

OJACRAFT

오자와 제비 두 사람이 만드는 핸드메이드 도자기 브랜드.
빈티지한 무드의 색감으로 식기부터 오브제까지
다양한 도자기 작업을 한다. 한국, 일본, 대만에서
활발하게 전시 활동 중이다.
@ojacraft @ojacraft.jebi

오자와 제비

오자 그래픽 디자이너 '오자화 吳自畵'로 활동하다 도자기로 전업을 하면서 '화 畵'를 빼고 '오자'가 되었다.

제비 좋은 소식을 물어온다는 행운의 의미를 가진 '제비'로 이름을 붙였다.

오자 오자크래프트를 만들고 활동하던 중 제비를 만나 결국 결혼까지 했다. 디자이너 출신 제비는 오자크래프트를 전부터 좋아했던 지인이자 팬이었고, 결혼하면서 자연스럽게 합류하게 되었다. 모든 디자인과 도예는 내가, 나머지 기획부터 콘텐츠 제작과 홍보 등은 제비가 담당한다. 각자 잘하는 영역이 달라 서로를 보완해 준다.

흙이라는 재료만 해낼 수 있는 것

오자 재료 본연의 물성 자체가 흙의 특별함이다. 깨질지언정 변함없이 영원을 살아가는 것, 그게 바로 흙이다. 소성이라는 과정을 통해 사람의 손을 떠난 채 숙명적으로 완성되는 인간 이상의 영역이기도 하다. 그만큼 어려운 재료이기도 하지만 알면 알수록 더 궁금하기도 하다. 전업을 할 때 혹시 이 일이 지겨워지면 어떻게 할지 생각해봤는데 걱정할 게 아니었다. 흙은 결코 예측할 수 없어서, 지겨워질 새가 없다.

'쓰임'과 '아름다움'의 균형

오자 가장 중요하게 생각하는 부분은 단연 디자인이다. 시각적인 매력이 첫 번째, 편의성이 두 번째다. 아름답고 쓰기 좋은 물건을 만들려 노력하는데, 사실 아름다움은 그 자체로 '쓰임'의 상당 부분을 차지하고 있다고 생각한다. 다만 아름다움에 대한 고민에는 항상 '자연스러움'이 따라붙는다. 쓰임이 중요하다면 아름다움은 더 자연스러워야 하기 때문이다. 만약 쓰임이 없는 경우, 무용하지만 아름답다면 그것은 이미 유용한 것이다.

함께 작품을 구상하는 방식

오자 우선, 언제 어디서든 영감을 수집해 정리되지 않은 채로 머릿속에 저장해둔다. 흩어져 있던 영감들은 주저하지 않고 곧장 출력해 즉흥적으로 실행하는 편이다. 대부분의 전시는 그렇게 두서없이 만들었던 작품들을 정리한 것들이다.

제비 결혼 이후에는 주로 오자와 함께 하는 대화와 놀이에서 영감을 발견한다. 나는 고민이 많고 오래 생각하는 사람이라 밥을 먹다가도 회의하고, 잠들기 전에도 회의를 한다. 실행까지는 아주 천천히 계획하여 움직이고 준비하는 반면, 오자에게서 추진력을 얻기도 한다. 오자크래프트의 원동력 대부분은 우리의 균형감일 것이다.

오자크래프트의 세라믹이 놓인 공간

오자 오브제에는 사람의 마음을 안정시키는 힘이 있다. 위안의 오브제가 놓이는 공간은 개성이 충분한 동시에 편안하고 따뜻하면 좋겠다.

제비 오자크래프트를 대표하는 대형 플레이트 '고스트 웨일 Ghost Whale'도 그중 하나다. 이 67cm 길이의 플레이트는 많은 사람이 모이기 어렵던 시기에 모두 함께 따뜻하게 나눠 먹을 수 있는 커다란 식기를 기획해 만든 작품이다. 이 플레이트가 놓이는 공간은 그런 힘을 가지는 거다. 이걸 만들기 위해 가마를 맞춤 제작하기도 했다.

오자 이외에도 지금까지 꾸준히 사랑받고 있는 인센스 홀더와 플레이트 라인이 있다. 아마 오자크래프트를 떠올릴 때 가장 많이 기억하지 않을까 생각한다.

세라미스트가 정의하는 '아름다움'

제비 '자연'과 연관된 것들. 예를 들면 아침 출근길에 만난 자유로의 빼곡한 안개같은!

오자 '어떤 순간에도 꼭 챙겨야 한다'라고 생각하는 것.

세라믹 브랜드 오자크래프트의 역할

제비 지금 서울 쇼룸은 잠시 쉬고 있지만 다시 열게 되면 단순히 제품을 구입하는 장소 이상의 역할을 하게 될 것이다. 어떻게 풀어낼지 고민하는 건 어렵지만 즐거운 숙제이기도 하다. 찾아온 사람들에게 '쉼'을 내어주고 '순간'을 선명하게 추억하는 경험을 선물할 수 있는 브랜드가 되고 싶다. 어른을 위한 장난감 가게가 되어도 좋겠다.

앞으로의 작업

오자 여러 물성의 작업을 계획하고 있다. 분야를 막론하고 뜻과 결이 맞는 사람들과의 협업도 생각하고 있다.

제비 지금처럼 위안이 되는 물건을 만들고 싶다. 사진이나 영상 작업이 될 수도 있고, 무용하고 아름다운 오브제가 될 수도 있다. 지향사와의 협업 '제로웨이스트 미니백'처럼 지속 가능한 물건도 꾸준히 만들어보고 싶다.

오자 오자크래프트 안에 정해놓은 경계선은 아무것도 없다.

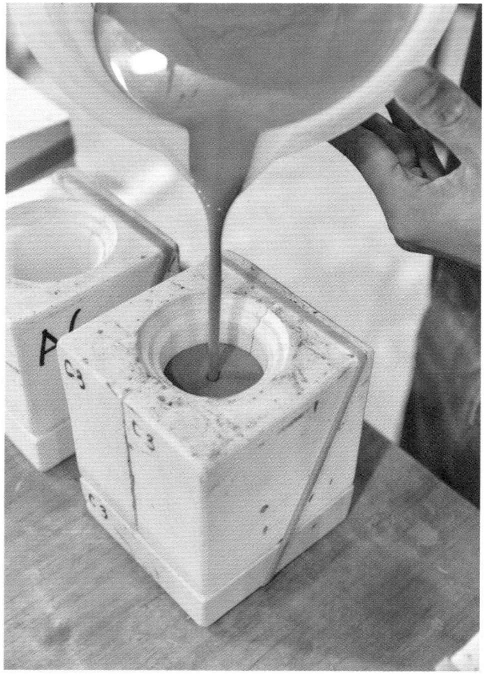

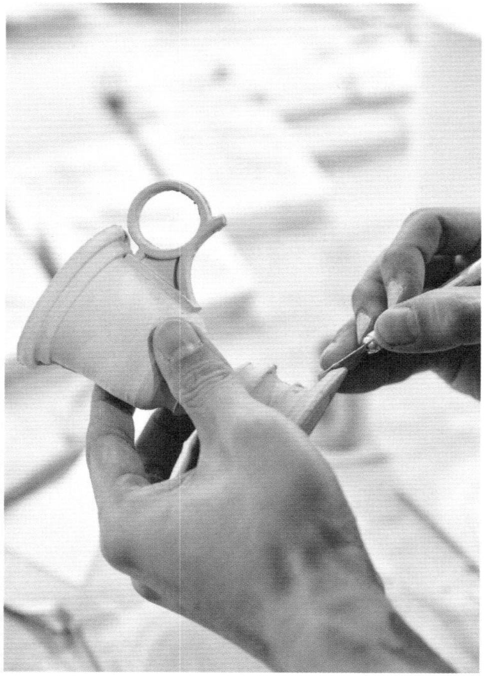

O J A
C R A
F T

COLLECTION

1, 5
OJACRAFT Christmas Ornament, 2022

3, 4, 5
개인전 <Vase for Dead Flowers>, 2021

1

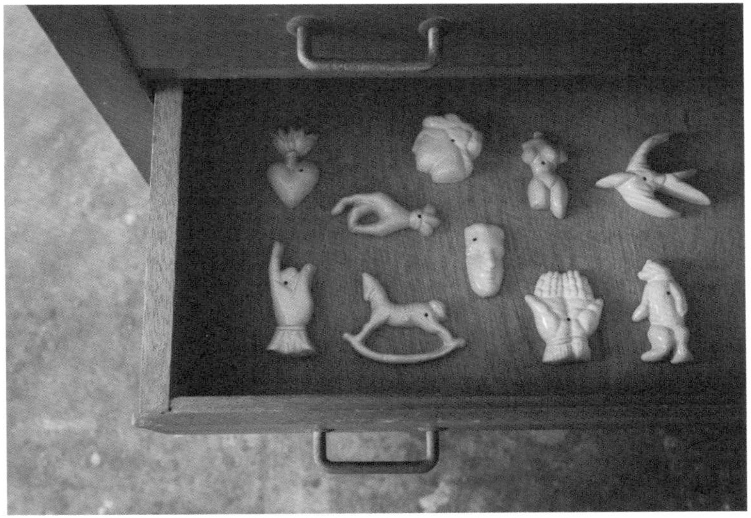

2

3

4

5

이악크래프트

IAAC Crafts

전현지 대표가 운영하는 흙을 토대로 삶의 테두리를
만들어가는 세라믹 브랜드. 자연스러운 선이 묻어나는 식기,
오브제 등을 선보인다.
@iaac_crafts

이악이라는 이름의 세라믹

'I Am A Ceramist'의 앞 글자 'IAAC'을 따와 '이악크래프트'라는 이름을 붙였다. 처음 이름을 붙였던 2013년에 세라미스트는 생소한 단어였다. 당시 한국에서는 '도예가' 혹은 '포터'라는 말을 더 많이 썼다. 그렇지만 조형을 전공하며 학교에서 배우는 방향은 정확히 '포터'의 개념은 아니었다. 세라믹을 기반으로 조형 작업을 하면서 단어를 찾아보다 '세라미스트'를 발견했다. 조형 작업을 하는 도예가니까, 이거다 싶었다.

도예와 도자기

처음부터 도자기를 생각하고 공예를 전공한 건 아니었다. 섬유를 생각하고 학교에 들어갔는데 오히려 흙이라는 생소한 재료에 더 큰 흥미를 느꼈다. 2학년 때 섬유를 전공하겠다고 신청서를 냈다가 마지막 날 교수님께 가서 도자 전공으로 바꾸겠다고 말씀드렸다. 사실 처음에는 후회하기도 했다. 당시에 많은 사람이 선택하는 전공은 아니었고, 물리적으로도 힘든 부분이 있어서 다들 걱정하기도 했고. 그렇지만 결국 못할 게 있나 싶었다.

흙이라는 재료만 해낼 수 있는 것

흙은 알아갈수록 더 어렵다. 점점 더 새롭고, 미처 생각지 못한 변수도 많고. 물론 그런 것들이 흙의 매력이기도 하다. 도예의 대부분은 흙을 다루는 일이라고 생각한다. 적절한 수분과 온도가 모두 갖춰져야 제대로 만들 수 있고, 그것들을 다 갖췄는데도 생각지 못한 게 나오기도 하고. 흙과 도예에서 인생을 배우는 느낌이다. 너무 작은 부분만 봐서도, 큰 숲만 봐서도 안 된다. 한 쪽으로 무너지거나 깨질 수 있어서 자꾸 돌아보게 된다. 그야말로 철학적인 재료다.

작업에서 중점을 두는 부분

지나치게 과장하지 않으려고 한다. 재료의 특징을 잘 살리면서도 심플한 선을 살리는 것이 이악크래프트의 색깔이기 때문이다. 물건을 살 때도 기본 소재나 원료의 디테일을 중요하게 생각하는데, 작업에도 자연스럽게 투영이 된다. 그렇기 때문에 소재의 매력을 잘 보여줄 수 있는 형태와 기법에 대해 가장 오래 고민한다.

작품에 영향을 주는 것

일상에서 흡수하는 것들이 쌓여 그 영향을 받는데, 특히 공간에서 얻는 게 많다. 새로운 공간을 볼 때 에너지가 샘솟는다. 공간에 어울리는 걸 생각하거나 도자기에도 적용할 만한 소재를 공간에서 찾는 식이다. 새로운 방향을 생각해 보기도 하고.

세라믹의 현재

예전에는 많은 사람이 몇 갈래 취향 안에서 돌고 돌았는데 이제는 다양하다. 연령층과 소비층이 넓어지기도 했다. 이제는 1인 가구 소비자가 좋아하는 걸 한두 개씩 사가는 경우가 많다. 꼭 세트나 쌍으로 사지 않는 거다. 한 브랜드로만 꼭 맞춰서 쓰지도 않고. 남성의 비중이 점점 더 많아지는 추세도 뚜렷하다. 아무래도 공간을 꾸리는 걸 좋아하는 사람들이 더 많은 관심을 보인다.

'쓰임'과 '아름다움'의 균형

만드는 사람의 끝없는 고민이다. 그렇지만 작가에게는 가치관이기도 하다. 쓸모 있기 때문에 아름다운 것이 있고, 쓸모가 없어도 아름다운 것이 있다. '기'의 측면에서는 너무 아름답지만 막상 쓸 수는 없는 것들이 있는데, 요즘은 '쓸모없지만 아름다운' 것을 표현해보려고 시도한다. 이악크래프트를 찾는 사람들의 목적은 비교적 명확해서, 오히려 이악크래프트의 테두리 안에서는 크게 고민하지 않는다. 요즘엔 내년 상반기 예정인 전시 준비에 집중하고 있다.

앞으로의 작업

요즘은 조금 넓은 생각을 한다. 세상에 전쟁이 일어나고 어려움이 많을 때 우리가, 내가 무엇을 할 수 있을까. 세라믹을 만들어야 하는 이유가 무엇인지 되짚어보면 만들 때도 쓰임을 한 번 더 생각하게 된다. 이악크래프트의 세라믹은 공간에 자연스럽게 어우러지면서 너무 튀진 않았으면 좋겠다. 그렇지만 묻혀버리는 건 바라지 않는다. 지나치지 않지만 꼭 필요한 만큼의 존재감은 반드시 있었으면 좋겠다. 공간과 세상에 미칠 수 있는 적당한 영향력으로.

COLLECTION

1
Untitled, 25×28cm, Earthenware, 2022

2
Mitte collection, Mitte Serving Bowl Ø 24, h 4cm

3
Ossy Collection, Ossy Bowl (s) Ø13,
h 6.5cm, (m) Ø16, h 7.5cm,
Ossy plat (l) Ø 23.5, h 2cm

4
N.bell Ø 19, h 5cm

1

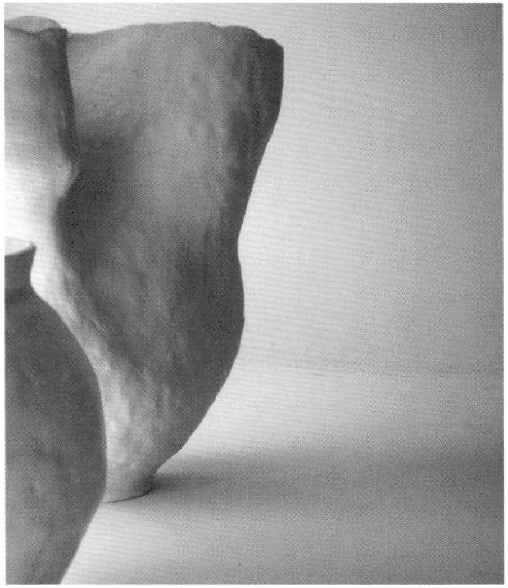

2

3

4

이혜미

LEE Hea Mi

흙이 주는 선한 영향력에 대한 믿음을 바탕으로
다양한 소재로부터 영감을 받아, 스스로
갖고 싶은 디자인을 만든다.
@heami_

이혜미라는 이름의 세라믹

손으로 만드는 동일하지 않은 형태에 대한 애정에서 출발했다. 처음부터 특별한 지향점을 생각하진 않았지만 좋아하는 작업으로 꾸준히 쌓아온 시간이 지금 내 이름을 걸고 만드는 세라믹을 설명해 준다고 생각한다.

작업에서 중점을 두는 부분

'시간의 축적'을 늘 생각한다. 형태와 재료의 측면에 있어서도 시간이 쌓는 것에 대한 호기심이 많다. 은채 작업의 경우 꽤 긴 시간이 걸리는데, 작업을 끝낸 후에도 공간의 온도와 습도 등에 따라 결과가 달라진다. 황화 현상이 각각 다르게 진행되거나 은빛에서 노란빛, 붉은빛, 검은빛으로 점차 바뀌어가는 식이다. 이런 과정까지도 즐겁다.

흙이라는 재료만 해낼 수 있는 것

흙에는 작업의 모든 시간이 축적되어 있다. 흙을 주무르는 행위부터 모든 과정이 끝난 뒤 마무리까지 작업자의 특징이 그대로 녹아있다. 행위들이 모여 결과물이 만들어지는데, 작업 중에 처음으로 돌아갈 수 없다는 점 역시 흙의 매력이기도 하다. 그만큼 신중히 생각하고 충분히 노력해야 하기 때문이다.

작품에 영향을 주는 것

옛 선조의 아름다움을 존경한다. 고미술과 골동품을 보고 싶어서 민속박물관이나 중앙박물관 같은 공간이나 빈티지 마켓에 자주 간다. 빈티지 마켓에 있는 시대상이 집약된 물건을 좋아하고, 고서에서 만나는 생활상과 물건에도 관심이 많다. 선조들이 만든 유려한 작품을 보면서 많은 영감을 얻기도 하고, 작업에도 반영된다. 긴 시간을 지나 지금 우리 시대의 아름다움을 만들고 있다는 것에 즐거움을 느낀다. 후대에서도 이런 상상을 하며 내 작업을 봐줄 누군가가 있다면 정말 행복할 거다.

이혜미의 세라믹이 만드는 공간

계속 바라보고 싶은 공간으로 만들어주길 바란다. 은빛이 주는 고귀한 아름다움이 있다. 조도에 따라서 화려하기도 하지만 묵직한 역할을 해내기도 한다. 내 작품을 선택한 사람들이 그 공간을 자꾸 보고 싶은 마음이 생긴다면 작업자로서 그만한 만족이 또 있을까.

세라믹의 현재

좋아하는 사람들의 연령대가 다양하다. 그중에서도 지금 새로운 세대는 작업자가 의도하고 만든 기물의 형태를 각자의 방법으로 즐기고, 자유롭게 표현한다. 작가가 직접 판매하지 않는 경우 이런 피드백을 받기가 어려운데, 지금의 세대는 SNS를 통해 작가에게 충분히 표현해주고 열정을 북돋아 주기도 한다.

세라믹의 영역에 대한 고민

작업 초기에는 기물과 오브제의 경계선에서 고민하던 때가 있었다. 지금은 큰 차이를 두지 않는다. 기는 사용성에 대해 고려해야 하는 부분이 추가되는 것일 뿐 작업자의 마음과 과정은 같다.

세라미스트가 정의하는 '아름다움'

아름다움은 '자꾸 바라보고 싶은 것' 아닐까. 평소 다른 작가들의 작품을 찾아다니는 것 역시 마찬가지다. 아름다운 걸 계속 보고 싶은 마음이랄까. 나도 작업으로 그런 아름다움을 만들어내고 싶다.

'쓰임'과 '아름다움'의 균형

'쓰임'은 작업자의 입장에서 더 고려해야 할 부분이다. 그런 다음 최선의 아름다움을 느낄 수 있도록 작업을 하는 것이다. 다만 작업자가 의도하는 적정선의 아름다움을 유지하는 선에서 조금 더 편하게 사용할 수 있도록 쓰임을 챙기는 순서이지 않을까. 결국 모든 건 균형감을 잘 맞춰야 하는 일이다. 최상의 아름다움에 쓰임을 함께 고려하는 정도가 되도록, 아름다움을 억지로 낮춰 맞추려고 하진 않는다. 우선 아름다워야 한다.

앞으로의 작업

세라믹으로 표현할 수 있는 공간에 관심이 많다. 작은 소품부터 큰 부분까지, 생활이 예술이 되는 지점에 대해 늘 생각한다. 작업의 방향 역시 마찬가지. 최근 이사한 작업실에서 공간에 대한 표현을 시도해 볼 생각이다. 작은 공간을 채우려고 하는데, 물리적으로 어려운 부분이 있다면 다른 작가들에게 도움도 구해볼 거다. 어떤 방법으로 무엇을 하든, 결국에는 아름다움을 만들어낼 것이다.

THOR

1

COLLECTION

1
Silver object line, ceramics
사이즈 다양, 2019-

2
Petit moonjar vase, ceramics
190×190×190mm, 2019-

2

나의 가장 사적인 도자기

브랜드를 운영하고 지휘하는 디렉터들은 어떤 도자기를 갖고 있을까.
우연한 만남과 오랜 기다림, 속수무책으로 사로잡힌 아름다움까지,
단 하나의 도자기에 전부 담겨있다.

Editor Jisoo Oh
Photographer Minhwa Maeng

1

이세희
'토오베' 대표
@room.tove

중국 광저우에 거주하던 시절, 중국의 차와 다기에 흠뻑 빠져 결국 중국 도자기의 시초라고 불리는 경덕진에 방문하게 됐다. 당시 그곳에서 처음 만난 작품이자, 토오베의 시작을 함께한 차호다. 간결하면서도 단아한 모양새지만 한 손에 들어오는 크기와 미묘한 검은색이 반전의 매력을 보여준다. 겉으로 볼 땐 어렵다고 느낄 수 있는 차 문화를 쉽고 귀엽게 풀고 싶은 토오베의 가치관 혹은 지향점과 비슷하다.

2

조완
'포스트포에틱스' 대표
@postpoetics

작년 봄부터 'CIR'이라는 이름의 스튜디오에서 도자기를 만들고 있다. 오래전부터 관심이 있었지만 마땅한 곳을 찾지 못해 시작을 못하고 있었는데, 마침 친한 후배가 스튜디오를 열어 첫 수강생이 되었다. 이번에 소개하는 기물은 요즘 만든 것들만 못하긴 해도 처음으로 그럴듯하게 나온 작품이라 더 애착이 간다.
유약이 고르게 발리지 않고 군데군데 말려서 나와, 엄밀히 말하면 불량이지만 오히려 멋스럽다. 주로 차를 마실 때 사용하는데 흡족한 마음에 한동안 매일 사용했더니 자연스럽게 찻물이 배었다.

3

하예진
'누데이크' 총괄 디렉터
@sodazine

베를린을 베이스로 활동하고 있는 라우라 벨커 Laura Welker의 핫 레그 캔들 홀더. 스틸레토 힐 형태로 캔들 홀더를 만들다니, 센스 SSENSE에서 보자마자 홀딱 반해 구입해 버렸다. 초를 꽂지 않아도 그 존재 자체만으로 매력적이고 섹시한 오브제가 된다. 핸드메이드로 제작되어 마감 등 디테일이 전부 다르다는 점이 가장 큰 매력이다.

4

조성림
'월 WOL' 대표
@myrimi

집에서 가장 많이 사용하는 식기 중 하나인 이기조 선생님의 백자 오벌 플레이트다. 서양의 오벌 피쉬 플레이트에 전접시의 조형미를 접목해 탄생한 이 그릇은 긴 타원 모양을 지녀 다양한 테이블 세팅에 사용하기 좋은 형태를 갖고 있다. 포도 한 송이를 무심히 두어도 아름답고, 샐러드를 담아내어도 맞춘 듯 어우러진다. 무엇보다 가장 큰 장점은 양식만큼이나 한식과도 잘 어울린다는 것. 어떤 화려한 음식이 올라가도 무심한 듯 담아내는 담백한 흰빛이 매력적이다. 월 WOL에서 가장 처음 소개한 선생님의 작품이기도 해서, 더욱 의미가 깊다.

5

문지윤
'뷰로 파피에' 대표
@claudia.jiyoon.moon

홍차를 위한 300ml 정도의 다관과 통잔, 차의 수색을 위해 은채를 입힌 찻잔. 내가 운영하는 공예 숍 뷰로 파피에를 위해 소사요 김진완 선생님께서 만들어주신 작품이자, 가장 아끼는 기물들이다. 선생님과 몇 해에 걸쳐 적절한 크기와 쓰임새에 대해 긴밀하게 이야기를 나누고 마침내 유약 없이 연마를 통해 표현된 흑토의 짙은 색과 질감을 입은 기물을 처음 마주했을 때, '나는 이 작업을 평생 곁에 두고 사랑하겠구나'라는 생각을 했다. 평소에 어두운 색, 그중에서도 검은색은 잘 선택하는 법이 없는데, 스스로 의아할 정도로 첫눈에 반했다. 정교하게 설계되어 다관의 출수와 절수가 말할 것 없이 훌륭하고, 손에 감기는 비례와 촉감이 그저 좋다.

Celebration of Finishing a Book

세 명의 세라미스트가 전하는 아름다운 쓸모, 책과 함께 곁에 둘 아트 피스.

Editor Hyeoneui Kim   Photographer Minhwa Maeng
Collaboration 물질세계, 예림피스, 오유우

세상에 만연한 물건들에게 보내는 권태와 애정, 물질세계

물질세계의 시작점은 어디인가요?

2019년 첫 개인전을 준비하며 정신없이 작업을 하다 문득 주변을 둘러보니, 수많은 작품에 둘러싸인 그 공간이 마치 물질의 세계 그 자체처럼 느껴졌어요. 그 뒤로 전시 제목과 작업실의 이름을 물질세계로 지었어요.

물질세계를 구성하는 '물질'에 대해 설명해 주세요.

작품의 형태와 종류에 따라 흙, 물감, 캔버스, 에폭시, 금, 은 등 다양한 물질을 사용하고 있어요. 도자기를 주로 모방하기 때문에 흙이라고 불리는 점토 광물을 자주 사용하는 편이에요. 그중에서도 주로 종이가 함유된 페이퍼 클레이를 사용하는데요. 구웠을 때 갈라짐이 적으며 손으로 주물렀을 때 원하는 모양을 표현하기 용이한 장점이 있어요. 다양한 색과 질감을 표현하기 위해 흙에 다양한 안료와 광물을 첨가하기도 해요.

이번 어반라이크 에디션을 통해 선보이는 작업물에 대해 소개해주세요.

책상 위에 적당하게 놓을 수 있는 크기와 용도의 작품을 만들고자 했어요. 나무 톱밥과 종이, 안료를 섞은 흙으로 화병과 촛대를 만들었어요. 나무펄프와 잉크로 만들어지는 어반라이크의 출판물과도 연결되는 재료라 생각했고, 이번 이슈를 생각해 땅에서 막 퍼 올린 흙과 같은 색과 질감을 내는 부분에 집중했어요.

작품은 주로 어떤 과정을 통해 탄생하나요?

사물, 유물, 예술품 등 다양한 층위에 있는 사물들을 떠올려요. 그리고 그것들의 형태와 존재 방식을 모방하죠. 전형적인 물건들의 특징을 머릿속에서 떠올리고 그 두루뭉술한 형태를 직접 손으로 옮기는 과정에서 물질세계만의 느낌이 형성되는 것 같아요. 흙을 주물러 모양을 만드는 이 단계가 가장 재밌는 과정이죠.

반대로 힘든 점도 있을 것 같아요.

다 구워진 도자기의 바닥을 연마하는 과정이 가장 힘들어요. 식탁에 흠집을 내지 않는 어엿한 물건이 되기 위해 반드시 거쳐야 하는 중요한 과정이죠. 하지만 반복되는 사포질은 역시 근육에 무리가 오는 힘든 과정이에요.

일상용품을 위주로 작업하신다는 인상을 받았어요.

아무래도 일상에서 많이 접하는 사물이 주로 컵이나 접시이기도 하고, 의뢰가 많이 들어오기도 해서 일상용품에 가까운 작품을 많이 만드는 편이에요. 세상에 없던 특이한 형태의 작품을 만들기보다는 인류가 지금까지 접해왔고, 접할 법한 사물의 형태에 더 관심이 있기도 해요. 종종 오브제에 대한 욕심이 생길때는 <수석 시리즈>를 만들며 해소하고 있어요.

'흙을 만지는 일'은 작가님에게 어떤 의미인가요?

물감은 아무리 만지고 구워도 사물이 될 수 없지만, 흙은 사물이 될 수 있다는 장점이 있죠. 내가 이리저리 주무른 것을 불에 굽기만 하면 위생적으로 사용할 수 있다는 점이 참 근사하다고 생각해요. 인간이 지구에서 얻은 재료를 이용해 문명을 만든 것처럼 저도 약간의 흙과 광물로 저만의 문명을 만들고 있다는 느낌이 들기도 해요.

작가님이 생각하는 도자기의 아름다움은 무엇일 지 궁금합니다.

단단하고 영원히 썩지 않는다는 점이 참 강력하고 아름다워요. 그렇기 때문에 하나하나 신중히 만들어져야 한다고 생각해요.

이번 어반라이크 에디션이 어떤 사람의 공간에 쓰이기를 바라시나요?

마침 어두운 색의 촛대와 마른 꽃을 꽂을 작은 화병이 필요했던 분들에게 잘 쓰였으면 좋겠어요.

앞으로 시도해보고 싶은 작업이 있으신가요?

도자기라는 매체 특성상 가마의 크기에 따라 작품의 크기가 제한되는 편이에요. 굽지 않아도 사물로 쓰일 수 있는 재료를 이용해서 큰 규모의 작업들을 해보고 싶어요.

물질세계를 통해 전하고자 하는 메시지는 무엇인가요?

세상에 존재하는 수많은 물건에 대한 권태와 사랑.

물질세계
미술과 도예를 기반으로 활동하는 최수진 작가가 운영하는 작업실. 이 세상에 만연한 다양한 사물의 도상과 존재 방식을 모방하고, 주로 광물을 평면에 문지르거나 반죽하고 굽는 세라믹 작업을 한다.
@muljilsegye

Piece 1.

촛대와 화병

–

물질세계와 협업해 선보이는 어반라이크 에디션 '촛대와 화병'은 나무 톱밥과 종이,
안료를 섞은 흙으로 만들어졌으며, 땅에서 막 퍼 올린 흙과 같은 색과 질감을 표현했습니다.
작은 사이즈의 작품은 어디든 자유롭게 놓여 존재할 수 있습니다.
1 set - 200,000won

–

본 작품은 리미티드 에디션으로 한정수량 제작되었습니다.
구매를 원하시는 분은, 어반라이크 인스타그램 (@urbanlike_magazine) 공지를 확인해주세요.

일상에서 마주하는 사물과 언어의 재해석, 오유우

세라미스트 오유우에 대해 소개부탁드립니다.

일본 아리타 마을로 출장을 갔었어요. 그곳에서 세라미스트들을 많이 만났는데, 일상으로 돌아오고 나서도 세라미스트들의 모습이 머릿속에 맴돌더라고요. 물레에 흙을 올리고 항아리를 만드는 과정이 신기하기도 하고, 원리가 궁금해져서 긴 고민 끝에 도자기를 배우기 시작했어요. 그렇게 점점 도자기의 세계에 빠져들어 3년 전쯤 회사를 그만두고, 조금 더 깊이 있는 작업을 위해 작업실을 얻었고, 그렇게 오유우로 활동하게 되었어요.

오유우라는 이름의 의미도 궁금해요.

저는 부끄러움이 많은 편이라, 저와는 다른 캐릭터가 필요했어요. 일종의 부캐같은 거죠. 부모님 성함에서 좋아하는 한 글자씩 따서 만든 이름이에요. 오유우라는 이름을 가진 또 하나의 인격인거죠. (웃음)

작품은 주로 어떤 과정을 통해 탄생하나요?

자연에서 얻어지는 소재를 바탕으로 일상에서 마주하는 사물 혹은 언어의 형태를 오유우만의 방식으로 해석하여 작업하고 있어요. <흐르는 빗물>은 지난 해 억수같이 쏟아지는 비로 인해 작업실이 물에 잠겼어요. 정말 열심히 만들었던 작업물과 기자재들이 망가져가는 모습을 보고 속상해하고 있었는데, 이런 황당한 상황에서도 처마에 뚝뚝 떨어지는 빗물이 야속하리만큼 고요하고 차분해서 멍하니 바라보게 되더라고요. 그리고 그 순간을 기록하고 싶어서 오브제로 만들어야겠다고 생각했어요. 대부분의 작업들은 이렇게 제 일상과 자연스럽게 맞닿아 있어요. 작업물들이 마치 일기장과도 같죠.

이번 어반라이크 에디션을 통해 선보이는 작업물에 대해 소개해주세요.

기록하는 것과 관련된 작업물이에요. 책을 읽거나 하루의 끝을 기록하거나 책상에서 많은 시간을 보내고 있는 누군가에게 사용되기를 바라는 마음으로 작업했어요. 책꽂이가 되었다가 문진이 되었다가 펜도 꽂을 수 있고, 싱그러운 풀이나 꽃을 담아 사용하고 바라볼 수 있는, 하나의 오브제가 다양한 형태로 소비될 수 있기를 바라는 마음으로 작업했어요.

전형적인 형태가 아니라서 신선하게 다가오는 것 같아요.

앞서 언급한 것처럼 오유우 작업물의 형태는 대부분 일상에서 마주하는 사물이나 언어에서 시작돼요. 이번 에디션은 어반라이크의 '어반' 한글 자음을 활용해 오브제의 형태감을 잡았어요. 'ㅂ'을 정면으로 두고 가운데 구멍을 바라보면 건너편 'ㅇ'이 오브제의 움직임에 따라 변화하는 것이 마치 변화하는 달의 모습을 연상시켜요. 제가 미처 찾지 못한 오브제 속 다양한 형태의 재미를 찾아봐 주시면 좋을 것 같아요.

그러고 보니 작가님 작업물은 다양한 쓰임새를 유도하는 것 같다는 인상을 받게 되요.

일상에 잘 스며들어 쓰임있는 작업물을 만들고 싶어요. 바라만 보아도 좋은데 쓰임까지 좋으면 오랫동안 사용될 수 있으니까요. 하지만 쓰임을 제가 정의하지는 않으려고 해요. 사용자가 필요에 맞춰 정할 수 있도록요. 이렇게 써볼까? 저렇게도 사용해볼까? 즐거운 고민을 하며 다채롭게 사용되길 바라요.

최근 작업 중, 종이로 만든 테이블과 의자가 종이 매체를 만드는 저에게는 매력적인 작업으로 다가왔어요.

큰 오브제를 만들어보고 싶다는 생각에서 시작됐어요. 도자기로 만들기엔 어려움이 있어서 대체할 수 있는 소재를 찾다 어릴 적 하회탈을 만들던 종이 죽이 떠올랐어요. 도자의 질감과 결이 닮은 점이 매력적이었고, 생각보다 종이가 일상에서 쉽게 얻어지고 쉽게 버려지는 소재더라고요. 사무실에서 버려지는 포스트잇까지도 활용할 수 있다 보니 자연스럽게 버려지는 소재에 대해서도 다시금 생각하게 되었고요. 소외되고 버려진 소재들이 우리 일상에서 새롭게 쓰여질 수 있는 다양한 작업물을 만들고 싶어요. 흙에서 종이로 소재가 확장되면서 작업의 시야가 넓어진 것 같아요.

종이로 하는 작업과 흙으로 하는 작업의 차이점이 있나요?

가장 큰 차이점은 재료에서 시작해요. 흙은 간단히 도재상에서 구할 수 있지만, 종이를 재료로 사용하려면 일단 폐지를 모아야 하고 그것들을 작업에 맞게 파쇄하고 반죽하는 과정을 거쳐야 해요. 더 많은 시간과 에너지를 사용해야 작업을 시작할 수 있죠. 대신 종이는 흙에 비해 만들고 싶은 사이즈에 대한 제약이 없는 편이에요.

'흙을 만지는 일'은 작가님에게 어떤 의미인가요?

또 다른 나를 만들어가는 시간이에요. '오유우'로 변하는 시간이라고 해야 할까요? 본래의 저는 수다쟁이인데, '오유우'라는 캐릭터는 작업을 통해 이야기하고 소통하려고 해요. 오유우가 가진 유쾌한 이야기들을 작업으로 풀어내는 일이에요.

오유우
일상에서 마주한 사물과 언어의 형태를 오유우만의 방식으로 해석해 작업한다. '재밌다'라는 표현이 가장 큰 칭찬이라 말하며 유쾌한 작업물들을 만들고 있다.
@o__y__w

Piece 2.

데스크 오브제

–

오유우와 협업해 선보이는 어반라이크 에디션 '데스크 오브제'는 책상 위에서 사용자에 따라
다양한 오브제로 변화합니다. 북홀더, 펜홀더, 문진부터 꽃을 관상하는 화병으로, 공간에 향을 입히는 오일 버너까지
다양하게 변주되는 오브제의 새로운 형태와 새로운 쓰임의 즐거움을 발견할 수 있습니다.

1 set – 218,000won

–

본 작품은 리미티드 에디션으로 한정수량 제작되었습니다.
구매를 원하시는 분은, 어반라이크 인스타그램 (@urbanlike_magazine) 공지를 확인해주세요.

일상 속 작은 활기를 위한 움직임, 예림피스

처음 도예를 접했던 기억에 대해 소개해주세요.

어릴 적부터 조각과 패션을 좋아해서 그사이 어딘가에서 꿈을 찾으려 했어요. 대학 입시 준비 과정에서 피터 샤이어 Peter Shire, 론 네이글 Ron Nagle, 이헌정 작가의 도예 작업을 우연히 보았고, 전혀 몰랐던 분야인 도예에 매력을 느꼈어요. 그렇게 도예과에 진학하며 시작하게 됐어요.

그렇다면, '예림피스'의 시작은 언제였나요.

평소 자유로운 형태를 가진 것들을 좋아해요. 그래서 과제를 위해 연습해야 했던 물레 작업에는 싫증을 많이 느꼈어요. 물레 연습을 하는 형태들이 주로 컵이나 사발과 같은 원기둥에서 뻗어 나오는 반구 위주의 형태인데, 그 형태에 팔과 다리를 붙여주면서 가지고 놀던 것이 지금 예림피스 작업물의 시작이었어요. 본격적인 예림피스의 시작은 당시 학교 선배의 공방에서 일하고 있었는데, 숍에서 작업물을 판매해보자 제안해주셔서 예림피스라는 이름으로 선보이게 되었어요. 나이트프루티 감사합니다. (웃음)

이번 어반라이크 에디션을 통해 선보이는 작업물에 대해 소개해주세요.

와인잔과 치즈 플레이트, 에그 컵을 제작했어요. 'EARTHWARE' 주제를 듣고 흙의 느낌과 따뜻한 느낌을 담고 싶었어요. 하얗고 노란빛이 섞인 유약을 사용했고, 돌 형태의 목을 가진 와인잔과 짧은 다리의 플레이트, 세 개의 다리로 서 있는 작은 에그컵을 만들었어요.

이번 작업에서 가장 중점을 둔 부분이 있나요?

약간의 위트를 담고 싶었어요. 잔은 촉각의 재미를 주고자 사용하면서 돌 질감을 느낄 수 있도록 제작했고, 에그컵은 기존의 작업물로 많이 보여드렸던 세 다리 보울의 미니 버전이에요. 오너먼트 같은 역할도 할 수 있다면 좋을 것 같아 작은 보울 형태로 만들었어요.

흙의 종류도 다양하다고 들었어요. 주로 어떤 흙으로 작업하시나요.

작업물은 대부분 슬립 캐스팅을 통해 제작해요. 하얀 물 흙인 슬립을 사용하죠. 작업하면서 잘라내고, 남는 흙을 모아 다시 슬립으로 만드는데, 이 과정에서 여러 색이 섞여 새로운 색의 흙이 만들어져요. 최근 조형 작업에는 백자 흙에 샤모트가 섞인 흙은 사용했어요. 샤모트 알갱이가 흙에 질감을 만들어주고, 성형하기에 용이한 형태로 만들어줘요.

예림피스만의 특징은 어떤 과정에서 주로 형성되나요?

계획을 하고 시작해도 흙을 만지는 과정에서 즉흥적으로 가하는 변형이 많은 편이에요. 모델링하면서 손이 가는 대로 만들다 보면 처음 계획한 것들과는 달라도 특유의 형태감이 형성되는 것 같아요. 초벌, 시유 과정은 완성을 향해 가는 과정이지만 성형 과정은 무엇이든 될 수 있다는 생각이 드는 가장 설레는 단계라 생각해요. 2-3번 가마를 거쳐 나올 때, 가마 문을 열기 직전도 설레는 순간이죠.

도예는 긴 호흡으로 마음을 다해야 하는 작업인 것 같아요.

흙 자체에서 생기는 먼지도 많고, 만드는 과정에서 한 톨의 먼지로 인해 흙이 오염될 때도 있어요. 작업을 하면 할수록 청소하고 관리하는 일이 정말 중요하다고 느끼죠. 과정이 많은 만큼 쉽게 어질러지고, 지저분해지는데, 집중이 되지 않거나, 작업이 잘 안 될 때는 쓸고 닦기를 하고 나면 새로운 마음가짐으로 환기가 되는 것 같아요. 중요한 작업이나 새로운 작업을 할 때는 앞치마를 들고 빨래방에 다녀와요.

작가님이 생각하는 도자기의 아름다움이란 무엇인가요?

관상하는 아름다움과 사용하면서 느끼는 아름다움을 모두 느낄 수 있다는 점이 특별해요. 도자는 사물 그대로도 아름답고, 흙, 유약, 색, 질감 등 재료적으로도 감상할 구석이 많아요. 사용하면서 사물에 사용자의 이야기가 담기는 점도 좋아요. 같은 도자기도 누군가는 차를 우려 마시는 데 사용하고, 누군가는 전시해두기도 하고, 저마다 다른 방식으로 도자기의 아름다움을 즐기는 점도 특별해요.

이번 어반라이크 에디션이 어떤 사람의 공간에 쓰이기를 바라시나요.

책거리라는 컨셉처럼 다 함께 모여 각자의 잔과 그릇을 가지고 모이는 모임을 상상하며 만들었어요. 1인 가구의 아침상에 놓여도 좋고요. 따로 두어도, 같이 두어도 좋은 사물이 되었으면 합니다.

예림피스의 작업물을 통해 전하고자 하는 궁극적인 메시지는 무엇인가요?

'make life collectible. 삶을 수집하기, 삶을 수집할 만한 것으로.' 예림피스의 슬로건이에요. 물건이 일상에 불어넣는 활기, 가치관과 삶의 방식을 바꾸는 힘이 있다고 생각해요. 작업물을 통해 많은 이들의 수집과 취향에 생기를 더할 수 있으면 좋겠어요.

예림피스
신예 세라미스트 박예림은 테이블 웨어를 중심으로 위트 넘치는 작품을 통해 지루한 일상에 새로운 영감을 불어넣는다.
@yerimphis

Piece 3.

에그컵, 와인잔, 플레이트

–

예림피스와 협업해 선보이는 어반라이크 에디션 '에그컵, 와인잔, 플레이트'는 하얗고 노란빛이 섞인 유약을 사용해 흙의 따뜻한 느낌을 담았습니다. 돌 형태의 목을 가진 와인잔과 짧은 다리의 플레이트, 세 개의 다리로 서 있는 작은 에그컵 세트는 일상 속 작은 활기를 가져다줍니다.

1 set – 170,000won

–

본 작품은 리미티드 에디션으로 한정수량 제작되었습니다.
구매를 원하시는 분은, 어반라이크 인스타그램 (@urbanlike_magazine) 공지를 확인해주세요.

Attitude

도예가의 일생

Kim Yik Yung Ceramic Art

Editor Minkyung Lee　Photographer Minhwa Maeng

얼마 전 인사동 갤러리밈에서 <보와 궤>라는 주제로 2년만에 전시를 했지요. 많이들 보러 오는 모양이에요. 판매는 어떤지 모르겠지만 관심을 가져주어 고마울 따름입니다. (웃음) 저는 걸어 온 길이 조금 재밌다고 할까요. 대학에서 화공과를 졸업하고 아버지의 권유로 대학원에서 요업공학을 배우게 됐어요. 아버지가 원래 식산은행(산업은행의 전신)에 계셨기 때문에 산업에 대한 생각이 많으셨거든요. 아버지는 한국이 독립하면 어떤 나라가 돼야 할까 했을 때 우리나라가 농업을 근간으로 해서 2차 산업으로 넘어갈 수 있는 새로운 일을 찾아야 한다고 생각하신 것 같아요. 솔직히 말하면 제가 도예를 하는데 있어서 화공과와 요업공학을 배운 것이 도움이 되기도 했어요. 하나는 당시 대학원 논문 준비를 위해서 참고한 학술지를 만난 일이지요. 우리 때는 다 일본 책이었어요. 거기 첫 두 페이지를 펼치는데, 아름다운 도예 작품이 실려 있지 뭐예요. 그때 도예를 처음 접하게 된 거예요. '아! 나도 이런 걸 만들고 싶다'는 생각이 들만큼 너무나 인상적이었어요. 제가 디자인 쪽으로 전공을 바꾸게 한 계기가 됐죠. 또 하나는 미국 알프레드 대학원에 진학하게 됐다는 거예요. 당시 입학 담당자에게 저는 미술의 '미' 자도 모른다 했더니, 이렇게 말하는 거예요. 도예는 과학이 50, 예술이 50이라고요. 그런데 저는 과학을 이미 전공했기 때문에 그쪽 대학원에 바로 진학할 수 있었죠. 교육 내용도 체계적이고 프로그램도 워낙 잘 되어있어서 1년 안에 기초 필수 과목을 다 이수할 수 있었습니다. 그 이후에는 개인 작업을 바로 할 수 있었고요.

지금 돌이켜보면 미국 생활도 잊을 수가 없습니다. 그때는 한국이 전쟁피해국이라서 미국에서 경제 원조를 해줬어요. 우리나라에 공업만이 아니라 디자인이 필요하다 해서 홍대와 서울대에 디자인 관련 학과를 처음 만들게 됐죠. 저는 제가 다니던 대학원을 중단하고 홍대에 학사 편입을 했어요. 그런데 갑자기 미국 알프레드 대학원 트레이닝 프로그램에 발탁되는 바람에 미국으로 건너가게 된 거예요. 학비를 받으면서 편히 공부할 수 있었죠. 그때 한 도예 공부가 지금 하는 작업의 밑거름이 되었습니다. 그러던 어느 날인가 도예가 버나드 리치가 우리 학교에 와서 강의

본 컬럼은 10여가지 질문에 대한 김익영 도자예술의 대표 김익영 선생의 답변을 '독백 Monologue' 형식으로 재구성한 것입니다.

한 적이 있었어요. 이런저런 말을 하다가 대뜸 현대 도예를 잘 하고 싶으면 조선의 백자와 미의 세계를 공부하라는 거예요. 놀랍게도 그것이 그 강의의 결론이었어요. 충격적이었죠. 당시 교과서에는 고려청자만 나오던 시절이었거든요. 그때부터 영어로 된 조선 백자 책들을 죄다 찾아보기 시작했어요. 알고 보니 일본 사람들은 조선 도자가 선생님이었더라고요. 그때 연구를 본격적으로 시작하면서 우리의 백자가 굉장한 것이라는 걸 깨달았습니다.

알프레드 대학원 출신은 당시 졸업만 하면 바로 강사 자리가 나왔어요. 모두들 미국에서 생활하며 작업하는 것이 우리 도예가들이 걸을 수 있는 바람직한 길로 인식됐지요. 그런데 당시 교수가 교토에 가 있었던 상황이었는데, 제게 일본에 잠시 들러서 작업을 해보라고 권하는 거예요. 그래서 갑작스레 교토시립미술관의 초청 강사로 초대받아 가게 됐어요. 지금 돌이켜보면 그때 일본에 있었던 1년이 도예가로서 가장 충실하게 작업할 수 있던 시간이었어요. 실제로 '도예가의 천국은 일본, 도자의 왕국은 한국' 이란 말이 있었어요. 지금도 물론 그렇지만 당시 일본의 도예는 도예가들의 활동이 활발하고 다양하고, 또 저마다 자유롭게 자신의 길을 만들고 있었습니다. 현대미술사조에 동승하는 사람, 전통에 천착해 작업하는 사람…. 모두 자유자재였죠. 불모지였던 우리나라에 비해 도예 인구도 많고 원료나 재료, 가마 등 도예가를 위한 여건도 워낙 탄탄했으니까요. 저도 그때 작업한 작품들을 가지고 1965년 한국에 돌아와 귀국전을 하게 된 겁니다.

우일요 브랜드를 만든 것은 사실 자연스럽게 이어진 것이에요. 내가 내 밥 그릇을 만들어 먹어보니까 밥맛이 다른 거예요. 도자기에 담아 먹는 것의 느낌을 스스로 느껴보고는 조금씩 내 손으로 만든 것들을 내놓으니까 친구들이나 지인들이 좋아하는 거죠. 그렇게 발전이 되면서 하나의 브랜드가 된 거예요. 사실 주변에서 '작가가 무슨 생활 도자를 만드냐'고들 하면서 시기도 받았었지요. 하지만 저는 도자기는 쓰여야 하고, 그 쓰임을 잘 만드는 것이 도예가의 임무라는 것에 막연한 자부심을 갖고 있었어요. 특히 공예품이란 것은 잘 만들어지고, 값이 타당하고, 그래서 널리 보급되는 것에 의미가 있다고 생각했죠. 단가를 낮추는 등 양산에 준하는 기준이 필요해졌죠. 당시 일본이 잘 되어있던 것이 중량 생산이었어요. 대량도 소량도 아닌 그 중간 단계의 생산이지요. 저도 그런 시류에 착안해서 약간의 기계화를 더해 중량 생산을 시도했던거지요. 다행히 열살 아래인 남동생이 공장을 맡아서 운영해주었고, 저는 디자인을 책임지면서 그렇게 우일요가 시작된 거지요.

오늘날까지 우일요 브랜드가 생산하는 모든 작업에 디자인을 관여하는데, 지금껏 저의 역할을 다할 수 있다는 사실은 60여년 동안 한 우물을 팔면서 가장 보람된 일일 겁니다. 저에겐 가마가 있고, 오늘도 작업을 할 수 있고, 일반 사람들이 와서 그릇을 보고 즐긴다는 것. 그게 저의 자부심이라 할 수 있어요. 또한, 제 개인 작업을 통해 작품 만드는 일도 할 수 있으니 보람차고요. 외길을 걸어오게 된 건 그냥 팔자라 해야 하나.(웃음) 하나에 집중하고 지속할 수 있었던 것은 다행히도 기회가 이어져 왔기 때문이지요. 크고 작은 전시를 하게 되고, 그때 또 한번 발전하면서 고개를 넘은 것 같아요. 이런 과정이 끊임없이 연속적으로 일어났다는 것이 내 작업의 동력이라면 동력이라 할 수 있을 것 같네요. 특별하게 단절의 계기가 없었고 비교적 순조롭게 진행된 것에 감사합니다. 저는 그저 열심히 작품 활동을 할 수 있었으니까요.

도자기는 쓰여야 하고, 그 쓰임을 잘 만드는 것이 도예가의 임무라는 것에
막연한 자부심을 갖고 있었어요. 특히 공예품이란 것은 잘 만들어지고, 값이 타당하고,
그래서 널리 보급되는 것에 의미가 있다고 생각했죠.

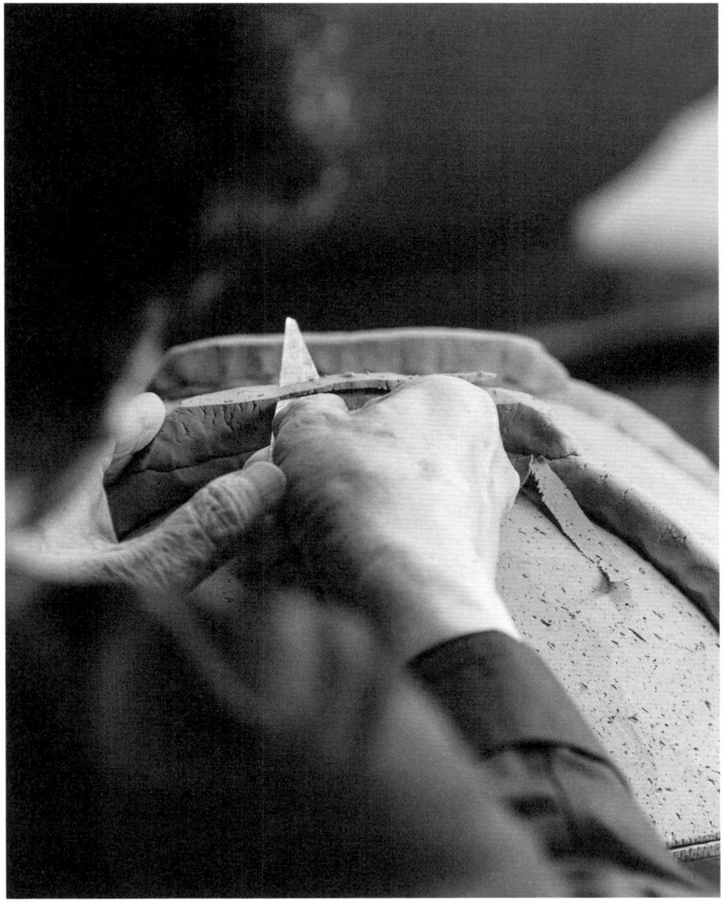

흔히들 백자의 매력에 대해 물어보지만 특징이란 틀로 나누고 정리하는 것에 무슨 의미가 있을까요. 백자는 봤을 때 편안하잖아요. 마치 자연을 바라보는 것처럼 평온하지요. 제가 지향하는 세계는 이렇듯 거슬림 없는 자연스러운 조형입니다. 특별하거나 화려한 것을 좇는 것이 아니라, 단지 사람들이 제 작품을 통해 편안하고 단순하면서 여운이 남는 듯한 느낌을 받았으면 좋겠어요. 그것 뿐이에요. 다만 둥근 것이 도자의 정형인데, 저는 네모가 많지요. 그 이유는 제가 생각하는 도자의 근본은 '형태'이기 때문이에요. 형태 추구의 근본을 따져 들어가보면 지난 시절의 경험과 맞닿아 있지요. 제가 해온 작업이 다른 도예가들과 차별점이 있다면 그 배경을 조선의 제기에서 찾을 수 있을 거예요. 특히 박물관에서 근무할 때 전라도 광주 무등산에 분청사기 발굴을 하러 간 적이 있었어요. 그때 무더기로 나온 제기들이 다 네모 모양이었어요. 그 완벽한 조형에 깊은 감명을 받았지요. 그것을 기초로 해서 수반을 만들었고, 밑이 넓은 다양한 그릇을 제작하게 됐지요. 물레에서 둥글게 형태를 잡고, 네모로 변형하고, 조형화하는 것이 제가 처음 했을 당시에는 굉장히 새로운 작업이었지요. 이번 전시에서 보여지는 보의 영감도 결국 다 그때의 경험에서 나온 것입니다. 깎은 감처럼 표면을 깎는 저만의 기법은 의도한 것이 아니라 일련의 과정에서 자연스럽게 만들어진 것이지요. 네모로 조형을 만들면 필요 없는 부분이 살처럼 붙어있으니까 그것을 칼로 저미게 되면서 '면깎기'가 생긴 거예요. 제 작업의 흔적이라고 할 수 있죠. 그 흔적 덕분에 빛에 따라 색이 달라지고, 힘도, 율동감도 생기게 됐어요.

둥근 것이 도자의 정형인데, 저는 네모가 많지요. 그 이유는 제가 생각하는
도자의 근본은 '형태'이기 때문이에요. 형태 추구의 근본을 따져 들어가보면
지난 시절의 경험과 맞닿아 있지요. 제가 해온 작업이 다른 도예가들과
차별점이 있다면 그 배경을 조선의 제기에서 찾을 수 있을 거예요.

제 작업의 특징이 무엇인지는 중요한 것이 아니에요. 사람들이 제 작품을 보고 어떻게 느끼느냐가 더 중요하지요. 편안하고, 함께 하고 싶고, 집에 두고 싶고… 옆에 두고 싶은 친근감이 생기는 것이기를 바랍니다. 그렇게 만드는 원동력은 작품이 지니는 힘과 에너지겠지요. 그건 그것을 만드는 이나 쓰는 이가 동시에 느껴야 하겠지요. 뭔가 끌린다 하는 것이 있잖아요. 그걸 매력이라 부르는 거겠죠? 작업 과정에서 중시하는 것은 단 하나, 자유입니다. 저는 제자들에게 도자기만 생각하지 말고, 나무, 금속, 플라스틱 등 다양한 재료를 생각하면서 생각의 폭을 넓혀보라고 해요. 도자기에 국한해서 바라보지 말고 여러 아이디어를 도자기에 대입해보면 더 넓은 영역의 도자기를 만들 수 있을 테니까요.

도자를 구입하는 사람들에게 조언할 것은 따로 없어요. ‘도자기는 이래야 한다’, ‘백자는 어때야 한다’는 것은 사실 실생활에 아무 쓸모가 없어요. 고정관념을 가지지 말고 순수한 마음으로 도자기를 대면해 보세요. 대화를 해보는 거죠. 이유가 없어도 괜찮으니 무엇이 끌리는지, 무엇이 자신에게 이야기를 걸어오는지 마음의 소리를 경청해 보세요. 작품을 살펴보다가 혹시 의문이 생기면 그때 작가에게 질문하고, 대화하면 돼요. 선입견 없이 대하라. 이것이 제가 고객들에게 바라는 유일한 점이지요. 다행히 요즘 젊은 친구들이 하는 브랜드가 많이 생겼어요. 추천하고 싶은 제자들도 많지요. 제자들 역시 꾸준히 자신의 세계를 이어 나가면 저절로 브랜드 가치가 생긴다고 생각해요. 마치 운동선수가 매일 부지런히 훈련하는 것처럼, 젊은 도예가들도 오랜 시간 계속해서 작업하는 사람들은 꼭 자신만의 한 가지를 이루게 되지요. 그 과정에서 좋은 고객도 확보하고요. 뭐든 열심히 하는 사람은 당해낼 재간이 없어요.(웃음)

요즘에는 합리적인 가격으로 좋은 제품을 구매할 수 있는 시대입니다. 국립중앙박물관의 혜곡 최순우 관장이 늘 하시던 말씀이 있어요. “비싸게 팔지 말아라”. 공예는 사람들이 써야 빛이 난다는 것이었죠. 비싸게 팔아서 몇 사람의 소수가 공유하는 것은 공예가 아니라고 하셨지요. 제 작품은 비교적 싼 것으로 평이 나 있어요.(웃음) 물론 최근에 가격이 좀 나가는 작품도 있지만 근본적으로는 합리적으로 내놓으려고 합니다. 사람들은 무언가가 잘 되면 가격을 무턱대고 올리려고 해요. 하지만 생산 단가를 정확하게 매겨서 절대로 과하게 가격을 안 올리도록 하는 것이 저의 오랜 방침입니다. 그것이 우리 삶에서 도자기가 해야 하는 역할이라면 역할일 테지요.

요즘 좋아하는 것을 찾아 일하고 싶어하는 젊은이들이 많은 것 같아요. 그것이 만약 도자기라면 저는 먼저 이천에 가보라고 하고 싶군요. 무언가에 열정이 있다면 발품을 팔아야 합니다. 백화점은 기본이고 요즘엔 이런저런 리빙 페어도 잘 되어 있잖아요. 관심을 가지고 쫓아다니는 노력을 꾸준히 하다 보면 분명히 자신의 것을 찾을 수 있을 겁니다.

도예가로서의 저의 삶을 돌아보면 제가 만든 작품을 통해 많은 사람들과 교감을 나눈 것이 보람이었죠. 저 혼자 잘 만들었다, 멋있다 감탄하면 뭐하나요. 매 순간 제 작업을 통해 일반인들과 소통한 것이 참 좋았습니다. 앞으로도 계속해서 매번 새롭지는 않더라도, 조금 다른 세계를 보여줄 수 있는 작업을 하고 싶어요. 단순하지만 현대에 동떨어지지 않는 그런 것이요. 생활 도자뿐만 아니라 오브제 작업을 통해서도 저만의 작품성을 나누고, 감상의 즐거움을 공유할 수 있었으면 합니다. 이것은 조금 다른 이야긴데 저는 예전부터 도자기를 조금씩 모았어요. 책을 사는 것과 마찬가지로 참고가 될 만한 작품을 모았지요. 어딘가 상처 난 것들이 대부분이라서 컬렉션이란 말은 거창하고요. 이번에 국민대학교가 준비하는 박물관에 기증해 줄 것을 요청받았는데, 찾아보니까 정말 모두 흠이 있는 것들인 거예요. 제자가 보수를 도와준다 해서 기대하고 있지요. 어쨌든 다른 방면으로 제가 도움이 되겠다고 생각하니까 그것도 참 뿌듯하더라고요.

김익영
1935년 함경북도 청진 출생. 호는 토전(土田)이다.
1957년 서울대학교 공과대학 화공과를 졸업하고
동대학원에서 요업공학을 전공했다.
59년 홍익대학교 공예미술학과에 편입 후 미국
뉴욕의 알프레드 대학교 요업대학원에서
도예 공부를 했다. 귀국 후에는 국립중앙박물관에서
학예연구원으로 근무하며 조선 백자를 연구했고,
교토시립미술대학에서 초청강사로 활동 후 1965년
첫 개인전을 개최한다. 1978년 생활도자 브랜드
우일요를 설립했다. 2004년 국립현대미술관 '
올해의 작가'로 선정되었고, 2007년에는
제2회 명원국제차문화대상 공로상을 수상했다.

20세기 초 프랑스에서 만들어진 것들이다.
'아르누보' 같은 말이 옆에 붙곤 하는데, 과연 장식적인
뉘앙스가 강렬해서 여기에 꽃을 꽂을 때는 항상
꽃의 화려미와 대결 구도를 펼치는 식으로 생각하게 된다.
Pierrefonds Pottery.

흙의 그림자

Photo & Text Woochul Jang

예쁜 걸 갖고 싶어 갖는다고 다는 아니었다. 그것들은 끝내 저희들끼리 장단을 맞추고서야 내게 남았다.
무엇인가 오래 보는 이치에는 반드시 어울리는 시간이 필요한 법임을. 그래서 나는 '오늘의 취향'을 얘기하기보다
조용히 시간의 향기를 맡고 싶어 한다. 이것은 무슨 시대 무슨 브랜드의 얼마짜리 접시라기보다,
'너한테서 오늘 좋은 냄새 난다', 나는 이런 말이 하고 싶다.

꽃병이니 접시니 손 모양이니 하는 것들은 대개 흙으로부터 왔는데, 사람의 솜씨가 더해진 시대에 따라
어떤 것은 천 년 전에 형태를 갖춘 것도 있다. 생각하려 들면 아득하지만,
거기에 펜들을 꽂아두고 차분히 책상에 두는 것은 그저 가까운 일, 나는 소유의 기쁨을 그렇게 단순하게 소비해버린다.

만지면 매끈하고 차가운 것들. 냉장고에서 갓 꺼낸 것처럼 신선하다고 느껴도 그만인 것들.
나는 거기에 계절의 빛을 들이며 웃는 취미를 가졌기로, 계절은 물론 아침저녁으로 달라지는 빛 속에
그것들을 놓아두고 생각날 때마다 쳐다본다. 초여름 정오께의 칼날 같은 빛, 늦가을 아침의 저수지 안개 같은 빛,
너무 짧은 한겨울 오후의 남색 빛... 나는 그러면서 그림자를 만져보고 싶다는 충동에 빠지기 쉽다.
흙의 그림자라는 말이 조용히 울림을 준다.

캘리포니아의 사막 그리고 캘리포니아의 바다.
Tony Evans.

아스티에 드 빌라트의 허여멀건한 색감은 세상의 모든 무드를 가벼운 무엇으로 돌려놓는다. 네덜란드 마쿰의 블루는 내가 생각하는 블루의 표준 같은 것이다. 사이토 하지메의 화분은 만지면 특히 좋은데, 마냥 부드럽지 않음으로부터 뭔가 품위를 느끼기도 한다.

구름무늬를 그려 넣은 고려시대의 청자.
저 구름이라는 것이 마치 땅에 무슨 놀이를 하려고
아이들이 막대기로 그린 것 같아서 볼 때마다
미소가 생긴다.

우일요에서 백자로 만든 벼루니, 연적이니, 필경이니
문방구 사는 걸 좋아했는데, 이 토끼도 종이 펼치고
붓으로 뭐라도 한 글자 써보고 싶을 때 곁에 놓는다.

Ceramic For All

피카소와 세라믹

Word by Ji Eun Lee

© gettyimagekorea

1946년 7월

피카소가 앙티브와 칸느 사이의 시골 마을 발라우리스 Vallauris에서 열린 연례 세라믹 전시인 '도자기, 꽃, 향수 poterie, fleur, parfum'에 모습을 드러냈을 때 악센트 강한 남불 사투리에, 강건하게 햇볕에 그을린 얼굴로 가득했던 전시장에서는 일대 소동이 일었다. 그도 그럴 것이 피카소가 누군가. 요즘에도 그렇지만 당시에도 피카소는 성공한 아티스트이자 전설이었다. 65세였던 피카소는 이미 큐비즘의 선구이자 창안자이며 초현실주의의 거두로 무수한 존경을 받으며 성공한 아티스트로서의 삶을 누리고 있었다.

하지만 피카소 개인에게 1946년 여름은 뭐랄까, 새로운 페이지를 넘기기 전의 긴장이 흐르는 시기였다. 그는 1936년부터 연인으로 지냈던 도라 마르 Dora Maar와의 관계를 청산하고, 새 연인인 프랑수와즈 질로 Françoise Gilot와 남불을 떠돌며 지내고 있던 터였다. 잘 알려진 것처럼 피카소는 연인을 바꿀 때마다 스타일을 바꿨다. 그럴 때마다 광적인 에너지와 천재의 그것이라 할 수밖에 없는 감탄스러운 창조력에 말려든 그의 연인들은 신세를 망쳤다. 예술가 지망생이었던 도라 마르 역시 마찬가지였다. 파리 아트 모던 박물관에 소장되어 있는 작품에서 엿볼 수 있듯이 분명 반짝이는 예술적 재능을 가지고 있었지만 그녀의 커리어와 정신 상태는 피카소와 7년을 보내면서 산산조각 났다. 피카소는 도라 마르와 헤어지면서 선심 쓰듯 휴양지인 보쿨루즈 Vauclause에 집 한 채를 사주었지만 이걸 충분하다 할 사람은 아무도 없을 것이다! 여하튼 그렇게 도라 마르와의 관계를 정리하고 프랑수와즈 질로와 산뜻한 새 생활을 시작한 피카소에게 필요했던 건 무엇이든 새로운 것이었다. 65세로 산전수전 다 겪은 거장인 화가에게 새로운 것이란 무엇일까?

발라우리스에서 열린 세라믹 전시, 파리와 뉴욕의 거창한 전시에 익숙했던 피카소에게는 투박하고 정겹게 느껴졌을 그 전시에서 그는 마침내 찾아 헤매던 새로운 그 무엇, 가슴속에서만 끓고 있던 주체할 없는 창조력을 뿜어낼 수 있는 기회가 찾아왔음을 알았다.

피카소 세라믹, 전설의 시작

요즘은 세라믹하면 발라우리스를 떠올리는 이들이 많지만 원래 발라우리스는 올리브 나무와 장미, 자스민을 키우는 농가로 이루어진 한적한 시골 마을이었다. 발라우리스의 땅에 묻혀 있던 내화성 점토가 세리믹을 제작하는데 안성맞춤이라는 사실이 알려진 것은 발라우리스에 기차가 들어선 19세기 중반부터다. 기차를 통해 생산품을 쉽게 운송할 수 있게 되면서 발라우리스에는 식기 공장이 여럿 들어섰다. 마침 산업 혁명으로 고도성장이 일어나면서 식기용 도자기의 수요가 폭발하던 때였다. 하지만 그 영화는 반세기도 채 가지 못했다. 두 번의 전쟁과 세라믹의 대체할 새로운 소재의 등장 앞에 발라우리스 식기 공장들은 하나둘씩 역사의 뒤안길로 사라졌다. 사라진 공장 자리에는 대신 세라믹에서 예술적 가능성을 실현하고자 했던 신세대 도예가들이 하나 둘 작은 아틀리에를 열었다.

리옹 보자르 출신으로 리옹의 직조상에서 직물 전문 디자이너로 일하던 수잔 라미에 Suzanne Ramié와 그의 남편 조르지 George Ramié역시 그들 중 하나였다. 수잔의 어린 시절 이름인 둘리 Douly와 조르지의 성인 라미에에서 따와 마두라 Madura라고 이름 붙인 그들의 도예 아틀리에는 작았지만 그곳에는 꿈과 혁신이 있었다. 전시를 방문한지 며칠 뒤 피카소는 폴란드 출신의 도예가이자 화가이며 포토 그래퍼이기도 했던 미셸 시마 Michel Sima와 함께 마두라를 찾았다. 그리고 수잔과 조르지, 미쉘의 도움을 받아 가며 세 점의 세라믹을 제작했다. 이것이 바로 피카소 세라믹이라 이름 붙은 4600여 점의 피카소 도자기 작품의 시작이었다.

피카소의 세라믹 중 가장 인기가 많은 것은
새 시리즈를 비롯한 동물 형상의 세라믹이다.

피카소는 프랑소와즈 질로와 함께 1948년부터 55년까지 발라우리스 마을의 언덕에 위치한 작은 빌라, 라 갈루아즈 la galloise에 머물렀다. 거기서 아들 클로드 Claude Picasso와 딸 팔로마 Paloma Picasso가 태어났다. 발라우리스는 여러모로 그의 고향 말라가 Malaga와 비슷한 점이 많았다. 완만한 구릉과 남불 특유의 하얀 먼지, 올리브 나무와 매미, 태양과 바다, 발라우리스처럼 고향 말라가 역시 모자이크 무늬의 세라믹으로 유명한 곳이다. 하얀 벽에 조그만 벽난로가 달린 작은 방들, 세라믹 타일이 붙은 바닥(이 바닥은 후에 그의 작품에 반복적으로 등장한다) 간소하지만 안온한 가족의 집. 라 갈루아즈에서 피카소는 20세기 미술사에 길이 남을 거장이 아니라 도예 지망생으로써의 생활을 시작했다.

> '내가 세라믹을 제작할 수 있으리라고는
> 생각하지 않습니다.
> 진짜 세라믹을 제작하는 도예가들 옆에서 나는
> 아무것도 모르는 풋내기에 어설퍼서 불행한
> 아마추어에 지나지 않으니까요.
> 나는 그저 따라해 보고, 주의 깊게 듣고,
> 관찰하면서 시간을 보내고 있을 뿐입니다.'

니스의 라디오 프로그램에서 스스로 말했던 그대로 피카소는 아마추어 취급을 받으며 마드라 아틀리에에서 도예를 배우는데 큰 기쁨을 느꼈다. 숙련된 도예공은 흙을 빚어 원하는 형태와 질감을 낼 수 있다. 게다가 도자기는 불을 만나 찬란한 색채와 유약에서 비롯된 반짝임을 드러낸다. 피카소가 마드라스 아틀리에에서 본 것은 바로 예술의 도구로서의 도예의 가능성이었다.

그래서 피카소의 세라믹은 여타의 도예 작품과는 많은 점에서 차별화된다. 피카소 세라믹은 대부분 발라우리스에서 채취된 흙과 식기부터 바닥재, 타일을 만드는 가장 흔한 유약을 사용했다. 심지어 색을 내는 에나멜조차 특별하지 않은 흔한 제품이다. 흙이나 유약, 에나멜의 사용법과 종류, 테크닉으로 장식적인 아름다움을 추구하는 전통 도예와는 접근부터 달랐던 거다.
피카소는 흙을 도예가처럼 쓰지 않고 조각가처럼 썼다. 마치 청동으로 조각을 만들듯이 흙을 틀에 부어 형태를 찍어 내 색칠을 한 작품들이 그 예다. 염소나 여자, 부엉이, 소, 닭같은 전형적인 시골풍 전통 도자기는 현대 조각처럼 간결하고 집약적인 형태로 다듬었고, 생생한 색채와 붓 터치를 더했다. 고급 도예 테크닉을 일체 배제해 원시적이라 할 만큼 강렬하고 투박한 세라믹 조각품을 만든 것이다.
그 어디서도 보지 못한 피카소의 세라믹은 대성공을 거두었다. 1953년 갤러리 루이 레리스 Louis Leiris의 전시에는 무려 2만 명의 관람객이 다녀가는 기염을 토했다. 세라믹 전시라고는 믿기지 않는 실적이었다. 그리고 피카소가 보여준 세라믹의 가능성과 예술적 성취에 감동한 수많은 팬들과 예술가들을 발라우리스로 끌어들였다. 그 결과 1948년부터 피카소가 참석하기 시작했던 발라우리스 연례 도예 전시는 (그렇다, 처음 피카소가 발라우리스 도자기를 발견했던 바로 그 전시) 1952년에 이르면 바야흐로 유명 아티스트들의 총집합 같은 모양새를 띄게 된다. 마티스, 샤갈, 꼭또, 드랭, 뒤피가 참석자로 이름을 올리는 세라믹 전시라니! 그것도 파리나 뉴욕이 아닌 남불의 구석 발라리우스에서! 세라믹에 심취한 피카소 스스로가 발라리우스의 홍보 대사를 자처했음을 물론이다.

피카소 세라믹은 다양한 레플리카 버전을 볼 수 있는 보기 드문 케이스다. 모두를 위한 세라믹, 모두를 위한 예술을 외쳤던 피카소의 신념이 드러나는 부분이라 할 수 있다.

피카소는 발라우리스 도자기 전시
포스터를 직접 디자인할만큼
발라우리스에 애착을 보였다.

심지어 세라믹까지 성공시키면서 피카소는 바야흐로 발라우리스의 얼굴이 되었다. 사진작가이자 당시에는 잡지용 사진도 찍었던 로베르 두와노 Robert Doineau, 카파 Kappa가 마드루 아틀리에를 취재하러 달려왔고(피카소하면 생각나는 스프라이트 티셔츠를 입은 초상 사진이 바로 발라우리스에서 찍은 사진이다), <피플>매거진과 <파리마치>, <라이프>지에 발라우리스 주민들의 얼굴이 실렸을 뿐 아니라 영화 제작자와 피디들도 줄을 이었다. 오죽하면 당시 발라우리스 시장이 피카소에게 '오늘 아침 신문을 봤더니 1면 헤드라인 기사가 당신이 수영하는 장면이더군요'라는 말을 할 정도였을까.

모두를 위한 세라믹

피카소는 세라믹을 사용하는 방법도 도예가들과는 달랐지만 예술 세라믹에 대한 콘셉트도 달랐다. 앙드레 말로에게 그릇을 만들었다고 자랑했던 피카소는 세라믹이 보다 많은 대중에게 쉽게 다가갈 수 있는 대중을 위한 예술이자 실용품이라고 생각했다. 오로지 단 한 점이거나 한정된 소수로 제작하는 여느 도예가들과는 달리 그는 세라믹이 피카소 에디션이 되기를 원했던 것이다. 즉 자신과 마두라 아틀리에의 감독 하에 독점적으로 제작한 레플리카, 피카소 에디션은 이렇게 탄생했다.
경매 시장에서 피카소 세라믹이 많이 보이는 이유는 이 때문이다. 피카소가 직접 색을 칠하고 형태를 잡은 오리지널 작품은 대략 4600점에 불과하지만 1946년부터 1971년까지 피카소의 결정에 따라 마드루 아틀리에는 피카소 오리지널 세라믹 모델 663점을 많게는 작품당 500점 이상 제작했다. 그리고 피카소가 세상을 떠난 이후 마두라 아틀리에가 공식적으로 문을 닫은 2007년까지 레플리카 제작은 이어졌다. 피카소 세라믹 에디션은 레퍼런스 번호와 제작 넘버와 함께 피카소의 사인 대신 'Edition Picasso'와 마두라 아틀리에의 직인으로 알아볼 수 있는데, 진품만큼 가품이 많은 것으로도 유명하다.

하지만 무슨 상관일까.
여기 흙에다 자신의 예술 에너지를 불어 넣어 우리에게 선사한 거장이 있다. 가장 순수하고 그래서 가장 핵심적인 형태와 창조력이 응집된 색깔의 세라믹. 조각이라고 해도 좋고, 도예라고 해도 좋고, 작품이라 해도 좋고 에디션이라 해도 좋다. 하지만 무슨 상관일까. 그 안에 담긴 그의 한 조각인데.

이지은
장식 미술사학자로 귀족의 시대,
부르주아의 시대, 사물들의 미술사 액자,
기억의 의자, 오늘의 의자를 집필했다.
사물과 현상 뒤편에 숨겨져 있는 역사와
이야기에 관심이 많은 프랑스 생활자.
@kkommmiii

Serendipity

뜻밖의 발견

Assistant Editor Eunnarae Jo, Sumin Ha   Photographer Minhwa Maeng

Nut Ceramic 이연정 작가
Nut incense holder, Nut Heart bridge (hot pink)
Nut Logo bridge (baby pink), Bloom mug (baby pink)

Eggsandme 서지나 작가
Love me vase
Little bird

Eggsandme 서지나 작가
Two handle vase, Nest_vase

Ee Nayoung 이나영도자
Folded obzet- Béluga
Folded obzet- Melon

Ee Nayoung 이나영도자
Béluga

eastsmoke 조희진 작가
Mosaic leaf candle holder
Sea creature series
Black leaf tray

eastsmoke 조희진 작가
Small plate, Mosaic organic plate
Pine tree incense holder
Mosaic plate (half, green)

Lim Sodam 임소담 작가
Chain cups
The blue cube

Lim Sodam 임소담 작가
Falling water
Doubled cups

Pollygarden 폴리가든
Latte Mug L
(Check blue, Stripe choco, Marble black)

Pollygarden 폴리가든
Bowl S (Check purple, Stripe olive)
Bowl S (Stripe beige, Marble black)

누트세라믹 Nut Ceramic

흙에 손결을 더해 오랜 시간 쓰임을 할 수 있는 도자기, 생활용품을 만들고 있다. @nutceramic_

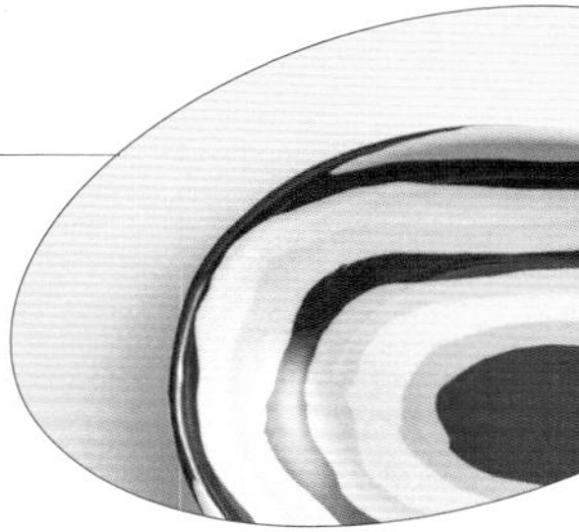

세라믹의 가장 큰 매력 불확실성. 똑같은 흙과 유약을 사용해도 고온의 열을 견뎌 조금씩 다른 형태와 무늬를 지니게 되기 때문이다. 그렇게 완성된 제품은 모두 달라 더욱 특별하게 느껴진다.
작업하는 데 있어 가장 중요한 점 완성도. 흙을 반죽해 가마에 넣기 전까지 해야 할 과정들을 지키고, 유약마다 다른 특성을 이해해 시유 방법을 준수하고 있다. 시행착오를 겪으며 쌓인 데이터로 루틴을 만들어 놓치지 않으려 한다. 구매해주신 분들에게 좋은 컨디션의 제품을 보내드리고 싶은 마음에서다.
애정이 가는 작품 작업에 오랜 실험이 필요했던 'Haya plato'. 작년 겨울, 다양한 색이 불규칙적으로 배열된 스트라이프 니트에 영감을 받아서 제작한 작품이다. 색소지의 쨍한 색감과 밀대로 미는 순간 나오는 불규칙한 무늬에 매력을 느꼈다. 색 조합 테스트만으로 이미 오랜 시간이 걸렸고 수분량이 다른 색소지와 만나 휘거나, 소성 후에 금이 가는 경우 등의 난관이 많았기에 더욱 애착이 간다.
앞으로 선보이고 싶은 작업 누트세라믹을 틀에 가두지 않고, 다양한 쓰임을 주는 제품을 만들고 싶다. 무채색의 편한 옷과 진한 분홍색 원피스를 모두 사랑하는 저처럼 모든 사람이 편히 쓸 수 있는 도자기와 특이하기에 소장하고 싶은 도자기, 이 두 가지의 경계가 허물어진 도자기를 만들고 싶다.
나의 작품은 000이다! '일상 속 작은 행복'

서지나 Eggsandme

일상에서 느끼는 작고 소중한 것들을 도예와 그림으로 기록하고 있다. @eggsandme

세라믹의 가장 큰 매력 도예를 하는 친구에게서 '너의 그림과 흙이 잘 어울릴 것 같다'는 말이 계기가 되어 발을 들여놓았다. 흙에 대한 두려움이 강했지만, 점차 호기심으로 변하며 소재에 매료되었다. 세라믹에는 예측할 수 없는 '불확실성'이 존재한다. 흙이 불, 유약, 공기에 따라 민감하게 반응해 의외의 결과물에 난감할 때도 있지만, 그 안에서 새로운 것을 발견할 수 있는 것이 가장 큰 매력 아닐까.
작업하는 데 있어 가장 중요한 점 핸드빌딩을 기반으로 같은 작업이라도 조금씩 모양을 바꿔가며, 세상에 하나뿐인 정형화되지 않은 모양새를 지향하고 있다. 자연이 주는 자연스러운 모양새를 모티브로 오브제에 이야기를 담고자 한다.
대표작을 뽑는다면 'Little bird'라는 새 모형의 오브제를 대표작으로 뽑고 싶다. 평소 그림 작업에 새를 많이 그려온 것 과도 연결된다. 새 모양으로 작은 오브제를 만들고자 했는데, 우연히 다른 작업 중에 남은 자투리 흙을 모아 작업해 탄생하게 되었다.
앞으로 선보이고 싶은 작업 'Love me'처럼 메시지를 새긴 오브제를 꾸준히 보여드릴 것 같다.
나의 작품은 000이다! '나를 비추는 거울'

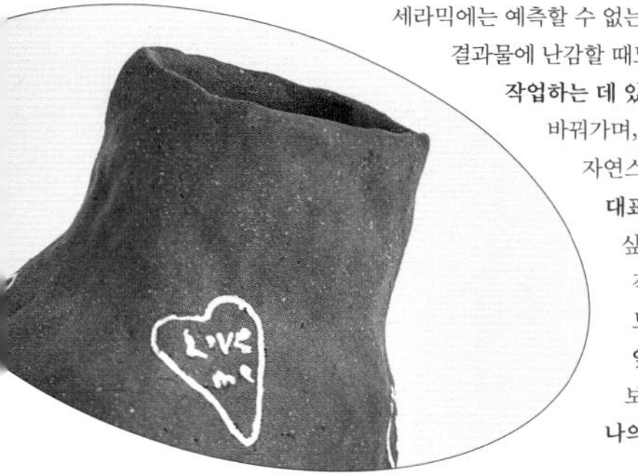

이나영도자 Ee Nayoung

색감, 재료, 실루엣 3가지 요소를 중심으로 일상의 모습을 담은 작업을 한다. @ee_na_young_doza

세라믹의 가장 큰 매력 회화작업을 해왔지만, 런던에서 대학원 시절 겪은 많은 변화를 통해 '그리기'보다는 '행위'와 '물성'에 대해 생각하게 되었다. 석고나 모래를 섞는 등의 촉각적인 언어를 이용하며 재료에 대한 탐구를 지속해왔고, 세라믹의 우연적인 현상에 매력을 느끼게 되었다. 도자는 회화작업과 다르게, 예측할 수 없는 사고가 자주 일어나곤 한다. 서로 다른 성질의 유약이 만나 완전히 다른 표현이 생겨나기도 한다.
작업하는 데 있어 가장 중요한 점 '태도'. 그날 나 자신의 태도에 따라 작업의 결과가 달라지기도 한다. 이런 '솔직함'이 도자를 계속하고 싶게 하는 이유이기도 하다. 작업이 되든 안 되든 매일 성실히 작업하며 몰입의 순간들을 늘려가고, 작업의 속도보다는 나에게 맞는 방향을 찾으려고 노력하고 있다.
대표작을 뽑는다면 이나영도자의 시작이라 할 수 있는 'Folded obzet series'. 나의 작품은 하루하루 기록이 쌓이는 과정에서 나오는 순간의 결과물이라고 생각한다. 본래 작업하는 '행위' 자체에서 각각의 오브제의 캐릭터가 형성되는데, 이 시리즈는 판 작업 후에 남은 자투리 흙들이 아까워서 용도를 고민하다가 탄생한 작업이기도 하다.
앞으로 선보이고 싶은 작업 회화 작업과 도예 작업을 같이 진행할 예정이다. 추상적인 목표지만, 작품이 어떤 공간에 놓였을 때 그 안에서 공기와 바람의 흐름이 느껴지는 작업을 하고 싶다. 또한 지속가능한 재료를 이용해 좀 더 덩어리 감이 있는 오브제를 만들어 보려고 한다. 최근에는 우산버섯 모양의 사이드 테이블을 진행하고 있다.
나의 작품은 000이다! 몰입의 순간을 통과해 나온 '일상의 조각들'이다.

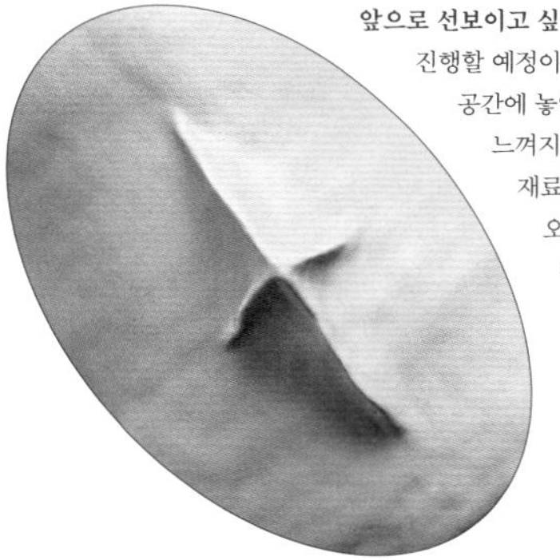

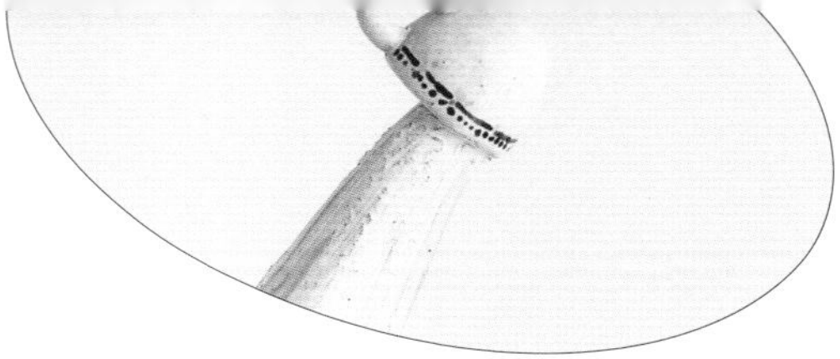

자연 스튜디오
紫煙 eastsmoke

紫煙 자줏빛 자, 연기 연, 자주색은 동양을 의미하며 현상 속에서 연기처럼 형태가 변화하는 모습을 흙으로 표현한다. @eatsmoke.info

세라믹의 가장 큰 매력 학부에서 도자공예 전공을 하며 흙을 접하였고 과정이 긴 작업 방식이 나와 맞았다. 흙의 감촉이 기분을 좋게 해주고, 유연하던 형태가 소성을 거쳐 견고해지는 이중성이 매력적이라 할 수 있다.

작업하는 데 있어 가장 중요한 점 만드는 과정의 '성실함'!

대표작을 뽑는다면 작은 면을 이어 붙여가며 하나의 큰 덩어리로 만드는 '모자이크 연작'. 형태를 어떻게 만들어 가야 할지 그 과정에 대한 고민에서 시작되었다. 전체적으로 부분의 '반복과 변주'로 구성되어 있다는 점이 핵심이 되었고, 가장 단순한 구조는 '원'이라 할 수 있다. 둥근 면이 이어지며 모든 형태의 근원이 되어 다양한 용도의 사물을 제작하는데 적용하고 있다.

앞으로 선보이고 싶은 작업 감정이나 날씨와 같이 날마다 흙도 다르게 느껴진다. 그렇기에 만들어진 동그라미 어느 하나도 같은 것은 없다. 이런 마음들을 쌓아가며 작업하고 싶다.

나의 작품은 000이다! '과정'

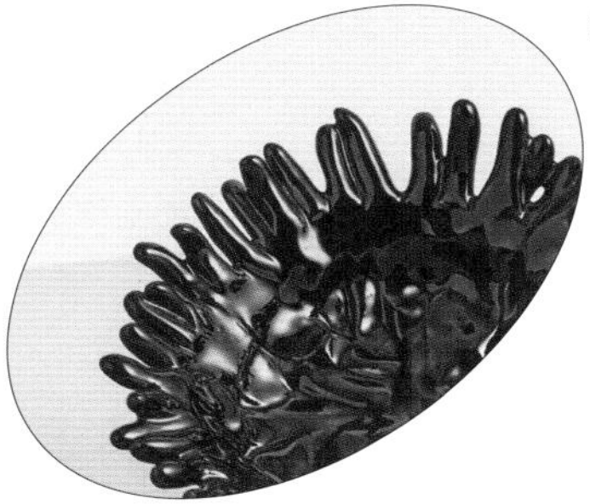

임소담
Lim Sodam

사람의 마음 속에 살고 있는 이미지에 관심을 가지고 회화와 도예 작업을 병행하고 있다. @lim_sodam

세라믹의 가장 큰 매력 회화 작업을 해오면서 촉각적인 부분에 늘 관심이 있었다. 처음 흙 작업을 취미로 시작했을 때도 회화를 위한 새로운 재료처럼 자연스럽게 받아들였다. 세라믹은 작가가 의도를 가지고 작업해도 고온에서 소성되면서 일어나는 변화를 완전히 예측, 제어할 수 없다는 점이 큰 매력이라고 생각한다. 내 손을 떠나 긴 소성 시간 끝에 가마 문을 열고 작품을 처음 만나는 순간은 늘 설렌다.

작업하는 데 있어 가장 중요한 점 원래 그 자리에 있었던 것과 같은 자연스러움. 조각이 가지고 있는 고유의 제스처를 빠르고 정확하게 잡아내는 것을 중요하게 생각한다.

대표작을 뽑는다면 최근 전시에서 선보인 'Tea time drawing'이라는 작품. 80~90년대 한국 가정에서 유행했지만 실제로는 사용되지 않고 찬장에서 장식 역할을 해오던 유럽 티 세트를 모티프로, 집에 대한 나의 기억과 함께 서정적인 풍경으로 재구성한 작품이다. 이렇게 만들어진 불완전하고도 고유한 티 세트를 이용해 사람들과 실제로 티타임을 가지는 작업을 하고 있다.

앞으로 선보이고 싶은 작업 유일하고 다층적인, 아름다운 것들을 그리고 또 만들고 싶다.

나의 작품은 000이다! '흙으로 그린 그림'

폴리가든
Pollygarden

회화 전공자 둘이 모여 평면작품에서 소스를 찾아 흙을 소재로 한 제품을 만들어 나간다. @pollygarden

세라믹의 가장 큰 매력 예상하지 못한 결과물이 새로운 아이디어가 되는 과정이 흥미롭다. 세라믹에는 빨강과 노랑을 섞으면 예상했던 주황이 되는 게 아니라 파란색이 되기도 하는데, 이렇듯 예측 불가한 상황이 발행한다. 도예 작업의 전반적인 작업 진행 과정이 나의 성향과 잘 맞았다. 만들고, 다듬고, 건조하고, 갈고, 시유하고, 가마에 굽는 일련의 과정에 수반되는 기다림의 시간이 안정감을 준다.

작업하는 데 있어 가장 중요한 점 자연스러움. 과하지 않게 자연스러운 색과 형태를 가지도록 다듬고 다듬는다.

대표작을 뽑는다면 'Latte Mug' 제품들. 우연히 한 영상작품에서 커피를 납작한 형태의 머그잔에 마시는 장면 보고, 납작한 컵에 사람들이 커피를 마시는 장면을 실제로 보고 싶다는 생각에서 시작되었다. 컵의 높낮이, 손잡이의 크기와 두께 등을 여러 번 조정하며 지금의 형태로 완성되었다.

앞으로 선보이고 싶은 작업 폴리가든에 대한 기대치가 스스로도 높아져 쉽게 새로운 작업물을 내놓기 어렵다. 새로운 제품군을 발전시키는 중인데, 지금껏 둘이서 만들어 왔지만 앞으로는 다양한 협업의 형태를 통해 작업해 나가려고 한다.

나의 작품은 000이다! '폴리가든'이다. 바로 떠오르는 이미지가 있는 브랜드가 되고 싶다.

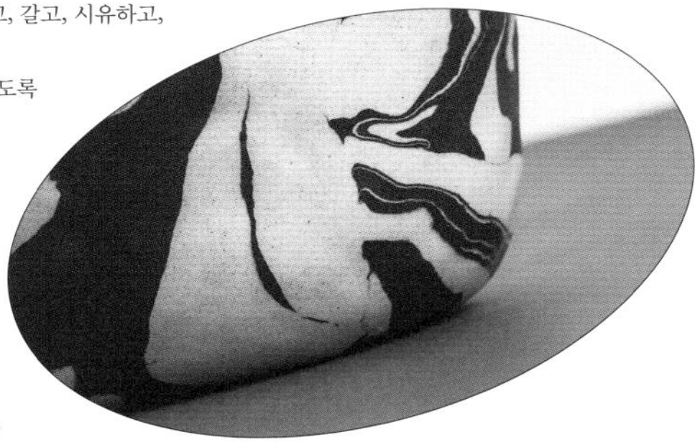

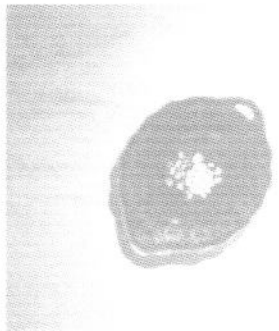

Complete and incomplete

완전하고도 불완전한

손끝에서 태어나, 손으로 전해지는 일련의 과정을 사랑하는 사람들. 완전하고도 불완전한 도자기를 마음속에 품고 있는 10인의 이야기를 들었다.

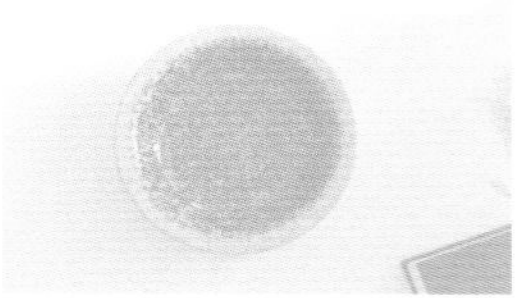

*본 Edit 컬럼의 인물 순서는 가나다순입니다.

Editor Jihyeon Lee

권솔

단 한 점의 도자기만 남겨야 한다면

6년 전 조지아라는 나라로 여행을 갔을 때, 길에서 우연히 만나 친해진 친구가 있다. 조지아를 떠나기 전 그 친구가 푸른 바탕에 금색으로 식물 그림이 그려진 작은 도자 그릇을 선물해주었는데, 너무나 아쉽게도 실수로 깨뜨리고 말았다. 그럼에도 여전히 깨진 조각을 간직하고 있다.

주목하고 있는 아티스트 혹은 브랜드

다양한 아티스트를 좋아하지만, 굳이 고르자면 이스트스모크 Eastsmoke, 최수진 작가의 물질세계 Muljilsegye, 뉴욕을 기반으로 작업하는 허윤영 작가 Yoona Hur. 그 외에도 투박한 빈티지 세라믹 작업을 선호한다.

도자기를 선택하는 기준

본인만의 독자적인 감각을 재료와 잘 어우러지게 표현하는지. 재료의 질감을 얼마나 우아하게 표현하는지를 중점으로 본다.

주로 구매하는 곳

모노하, 핸들 위드 케어, 정오의 빛 등. 요새는 브랜드 팝업도 자주 열려 구매할 수 있는 채널이 다채롭다.

가장 최근 들인 도자기

아무래도 촬영을 위한 소품을 많이 찾아다니는 직업이라, 촬영 소품으로 도자기를 구매하는 경우가 대부분이다. 다만 이런 경우에는 도자기 자체를 소모품으로 접근하기보다는 촬영 제품과 어떻게 하면 더 시너지를 낼 수 있는지를 고민한다. 누군가 수많은 고민을 하며 손으로 빚고 구운 것들이기 때문에 존중하지 않으면 사진에서도 그 매력을 마음껏 발산하지 못한다.

도자기를 대하는 마음가짐과 태도

평소에 물건을 망가뜨리는 타입이 아님에도 불구하고 깨뜨린 도자기가 몇 있다. 부끄럽지만 깨지고 나서야 더 조심히 다뤘어야 했는데, 하고 아쉬워한다. 그래서 오히려 도자기를 잘 보이는 곳에 두는 편이다. 일상에서도 급하게 서두르기보다는 조금씩 여유를 두는 삶을 지향하고 싶은 마음에서랄까.

지금 가장 열망하고 있는 도자기

간직하고 싶은 도자기는 오히려 실생활에서 활용 가치가 높은 작업물이 대부분이다. 오브제로서의 도자기는 선망하긴 하지만 혼자 독점하기에는 뭔가 벅차다는 기분이 든다고나 할까? 특히 열망이라는 표현을 쓰고 싶은 도자기들은 감히 소유하면 안 될 것 같다는 생각이 든다.

나만의 표현으로 정의한 도자기의 매력

도자기가 구워지는 과정에서 재료의 물성-흙과 함께 온도에도 굉장히 민감하다고 들었다. 아주 먼 옛날 철학자 아낙시만드로스가 말하길, 만물의 근원을 땅, 물, 불, 바람이라고 하지 않았나. 도자기는 아주 먼 옛날부터 시대를 대표하는 유물이자, 태초의 예술이다.

감성적인 사진으로 주목받고 있는 포토그래퍼.
국내외 패션·뷰티 브랜드를 중심으로 다양한 이미지와 콘텐츠를 제작하는 SOL STUDIO를 운영하고 있다.
@wnsol

김세미

단 한 점의 도자기만 남겨야 한다면

2017년 선물 받았던 토림도예의 빈티지블루 개완. 차를 마시게 된 시작이 되어준 기물이다. 기물을 선물 받았던 당시 굉장히 불안정하면서도 변화하던 내 모습이 떠오르기도 하고, 맥파이앤타이거의 시작이 되는 시점이기도 해서 개인적으로 의미가 깊다.

주목하고 있는 아티스트 혹은 브랜드

토림도예, 무무요, 상명요. 사용성을 고민하고, 딱 알맞은 무게와 질감을 찾고, 그림을 그리는 분들이다. 나는 너무 거대한 이야기에는 매력이 없고, 디테일에 모든 게 담겨있다고 믿는 사람인데 이들은 모두 디테일에서 무언가를 표현하고 있다.

도자기를 선택하는 기준

이 세상에 멋진 작업과 가지고 싶은 기물은 너무나 많지만, 만들어진 물건의 완성은 결국 '사용자의 쓰임'에 있다. 보통 구매하기까지 충분히 고민의 시간을 가졌던 물건은 잘 아껴가며 사용하게 된다.

주로 구매하는 곳

관심 있는 작가의 계정을 팔로우하기도 하고, 쇼룸이나 개인전에 찾아가기도 한다. 가장 까다롭고 어려운 방법이지만, 쓰임이 있고 물려줄 수 있는 물건을 산다는 소비 원칙에는 이 방식이 가장 부합한다. 시작이 어렵다면 이천 예스파크에 나들이를 가보는 것도 추천하고 싶다. 작은 공방들이 모여있어서 다양한 스타일과 질감을 만나볼 수 있다.

최근 들인 도자기

얼마 전 토림도예의 개인전에서 횡파다관을 구입했다. 횡파다관은 도자기로 만든 찻주전자인데, 손잡이가 왼쪽 측면에 붙어있는 디자인이다. 직접 써보니 손을 잡는 방법도 새롭고, 차를 따르는 각도와 차를 우리는 물의 온도까지도 달라 너무너무 즐거웠다. 어쩌면 물건이 생각과 기분, 태도까지도 정의할 수 있을지 모르겠다는 생각이 들었다.

도자기를 대하는 마음가짐과 태도

세상은 어떤 관점을 가지느냐에 따라서 너무나 다르게 보인다. '도자기는 깨지기 쉬운 게 단점이야!'라고 바라보지 않고, 그 특성을 잘 이용할 수 있는 관점을 제시하는 게 더 나은 방법이라고 생각한다. '깨지기 쉬우니까 조심하고 집중해 보세요. 그렇게 차를 마시는 이 순간에도 집중하는 거예요!'라고. 어느 순간에는 이 얇은 도자기가 '집중하고 싶을 때 사용하는 물건'이 될 수도 있지 않을까. 주객이 전도된 것 같지만, 뭐 어때? 쓰는 사람 마음인데.(웃음)

지금 가장 열망하고 있는 도자기

가지지 않은 것보단, 가지고 있었던 도자기 중 깨져서 버린 것들에 미련이 남는다. 최근 도자기를 수리하는 킨츠기 기법을 배우고 있는데, 작년에 깨졌던 그 다관 뚜껑을 버리지 말았어야 했다는 생각이 들더라.

동아시아의 좋은 차를 소개하고, 차와 닮은 삶을 이야기하는 브랜드 맥파이앤타이거 Magpie&Tiger 대표. 자신을 '일이 되게 만드는 사람'이라고 정의한다.
www.saemi.kim

김혜준

단 한 점의 도자기만 남겨야 한다면

청곡 김시영 선생님의 흑유 찻잔과 차호. 지금은 곁에 계시지 않지만 항상 그리운 푸드스타일리스트 메이 선생님께서 몇 년 전 사무실 이전 선물로 주셨다. 사용하기보단 표면을 가만히 만지며 마음을 다스리는 데 쓰고 있다.

주목하고 있는 아티스트 혹은 브랜드

레스토랑 브랜딩을 하면서 음식을 담는 그릇들을 중점으로 봐 왔는데, 요즘은 차를 담는 다완과 찻잔에 관심이 간다. 처음 차를 배울 때 사용했던 토림도예의 작품을 유심히 보며 차곡차곡 모아가고 있다.

도자기를 선택하는 기준

오로지 첫인상. 딱, 나와 인연이 있을 것 같은 기운.

주로 구매하는 곳

작가 전시회가 가장 쉬운 접근이다. 전문적인 감각으로 큐레이팅 하는 곳에서 도움을 얻는 것도 좋다. 정소영 대표의 식기장이 가장 즐겨 찾는 구매 공간이자 전시 공간이다.

최근 들인 도자기

인현식 작가의 은달 시리즈 찻잔. 레스토랑을 하는 동생 부부에게 잔 속에 가득 찬 은빛의 달을 선물하고 싶었다.

도자기를 대하는 마음가짐과 태도

가장 손이 덜 타는 곳을 찾아 보관하고, 도자기를 집을 때는 숨을 들이마시고 가만히 참으며 조심스레 집는다. 최근에는 도자기를 수리하는 킨츠기 공예를 배우고 있다.

지금 가장 열망하고 있는 도자기

차를 담는 다구. 고심 끝에 태어난 차도구를 사용하다 보면 굉장히 긍휼한 마음새를 가지게 된다.

나만의 표현으로 정의한 도자기의 매력

땅에서 시작되어 불을 통해 사람의 손으로 도착하는 살아있는 물체. 묘하게 표현되는 층이나 결은 작가의 예상 밖이 될 수도 있다. 우리는 그 모든 가능성을 염두하고 불에서 나온 도자기들을 숨죽이며 기대한다. 마치 모든 인생처럼.

외식업계에 종사한 지 16년 차. 1인 기업으로 푸드 콘텐츠 디렉팅과 레스토랑 브랜딩 작업을 이어 오고 있다.
@miel_jade

박서윤

단 한 점의 도자기만 남겨야 한다면

미국 여행에서 구매한 히스 세라믹의 도자기 샘플. 도자기는 작품이냐, 제품이냐에 따라 최상품을 가리는 기준이 극적으로 다르다. 도자기는 변수때문에 B급 제품이 될 수 있지만, 작품에선 그 변수에 의해 더 높은 가치로 평가받기도 한다. 그 샘플은 완벽한 품질의 도자기는 아니었지만, 사람의 손을 거쳐 만들어지는 히스 세라믹의 탄생 과정을 보여주는 도자기였다.

주목하고 있는 아티스트 혹은 브랜드

영국을 베이스로 활동 중인 이재준 작가 @jaejunlee_ceramics가 손으로 만들어진 사물의 쓰임, 그리고 공간에 놓인 형태의 미적인 가치를 공유하고 그것들로 인한 경험을 통해 사람들의 삶이 더 풍요로워지기를 희망한다고 말한 인터뷰를 읽은 적 있다. 수려하고 깊이 있는 작업은 물론 작가가 지향하는 길에 깊이 공감했다.

도자기를 선택하는 기준

식기를 중점적으로 이야기하자면 재료의 특성이 잘 반영되었는지, 먼저 가지고 있던 도자기들과 어떻게 어우러지는지를 본다. 식탁에 한 개의 그릇만 두는 일보단 다수의 그릇을 사용할 때가 많기도 하고, 식기장과 설거지통 안에 내 일상 속의 도자기가 꾸미지 않고 나열되어도 이질감 없는 정렬을 좋아한다.

주로 구매하는 곳

그릇장 속 도자기 대부분은 해외에서 구매한 것과 지인들의 습작이다. 비행기를 타고 도자기를 가져오는 게 불편한 일임에도 지역마다 상이한 재료를 고스란히 느낄 수 있다는 게 큰 매력이다. 기회가 된다면 다양한 습작과 기물을 합리적인 가격에 만나볼 수 있는 서울대학교 도예과 판매전에 꼭 방문해보는 걸 추천한다.

최근 들인 도자기

홍지수 작가의 브랜드 Eart의 향합. 작품을 소장할 때 단순히 물건 자체로 소유하기보다 작가의 작업 방식을 향유한다는 마음으로 바라본다. 이 향합은 도자기 초벌기가 가진 특성과 흩뿌려질 수 있다는 슬립의 특성, 작가의 미적 취향까지 삼박자가 고스란히 담겨 있다. 모든 도자기가 기술적으로 잘 정제될 필요는 없지만, 개인적으론 위트만 있는 도자기보다 본래의 기본기가 잘 갖춰진 후에 위트가 가미된 작업이 더 알려졌으면 좋겠다.

도자기를 대하는 마음가짐과 태도

쉽게 깨지고 금이 갈 수도 있는 도자기의 물성을 거스르기보단 받아들이려고 한다. 파손된 부분을 킨츠키로 채웠을 때 더 멋져질 것을 기대하기도 하고, 복구가 어렵다 해도 새로운 도자기를 만날 구실로 삼는다. 도자기가 깨질까 염려하며 어렵게 다루기보다는 일상에서 공예품들의 아름다움을 느낄 수 있도록 편안히 내려놓는 마음이 삶을 더 윤택하게 만들어 줄 수 있지 않을까.

공예와 도자기를 브랜드 안에서 풀어내는 라이프 스타일 브랜드 네세서리 @ncssry_official와 뷰티 브랜드 사이언스앤밸런스의 디렉터. 그리고 두 아이의 엄마로 살고 있다.
@parkseoyoon

성민경

단 한 점의 도자기만 남겨야 한다면
독일 베어터스바하 Waechtersbach의 도자기. 1970년대 제품으로, 깊이 있는 골드 브라운 빛의 캐러멜색 위로 번지는 노을빛이 예쁜 접시다. 워낙 좋아하는 색이기도 하고, 이 일을 처음 시작할 무렵 만나게 되어 개인적으로도 아주 의미 있다. 특별한 날, 주로 연말의 식탁에서 사용하고 있다.

주목하고 있는 아티스트 혹은 브랜드
기하학적인 세라믹 조각품을 만드는 네덜란드 작가 한스 뫼우슨 Hans Meeuwsen의 세라믹 월 보드 Ceramic Wall Board. 고온에서 산화된 얇은 도자기 조각을 활용하는 작업물은 그가 오랜 시간 동경해온 건축을 바탕으로 이루어진다. 언젠가 그의 작은 피스 하나를 벽에 걸고 싶다.

도자기를 선택하는 기준
가장 먼저 전체적인 색을 살펴본다. 그다음은 질감을 보고, 단순한 오브제로 사용할 도자기인지, 식기류로 사용할 도자기인지에 따라 실용성, 활용도를 고민한다. 이 모든 과정은 어떤 구분 없이 자연스레 물 흐르듯 머릿속을 스치는데, 결국 기준은 얼마나 마음을 흔드느냐에 있다. 정형화된 형태가 아니어도, 제작 공정 중에 생긴 자국이 있어도, 패턴마다 농담이나 번짐이 달라도 괜찮다. 그저 마음을 흔들 만큼 매혹적이라면!

주로 구매하는 곳
해외 편집숍 같은 온라인 사이트를 주로 살펴본다. 엣시 etsy는 도자기를 비롯하여 가구, 그림, 아트 제품 외에 다양한 핸드메이드 제품을 만나볼 수 있는 글로벌 마켓 플레이스다. 미국 도자기 그룻 브랜드 히스 세라믹에서는 차분하고 아늑한 색감의 대비가 뛰어난 제품을 만날 수 있다. 코펜하겐의 요노비 스튜디오 Yonobi Studio 역시 북유럽의 미니멀리즘과 일본의 전통 양식이 어우러진 컬렉션을 간결한 방식으로 소개하고 있어 애용하는 곳 중 하나다.

최근 들인 도자기
이탈리아의 세라믹 브랜드 패뇨신 Pagnossin에서 도자기를 구입했다. 옅은 주황색 림을 따라 안쪽으로 흐르는 유약이 멋스러운 오목 접시인데, 안쪽을 차지하는 검은 면이 빛을 내뿜는 은하 같기도, 거대 블랙홀 같기도 하다. 어두운색을 띠는 도자기는 거의 가지고 있지 않은데 묘하게 이끌렸다.

도자기를 대하는 마음가짐과 태도
소장하고 있는 도자기의 대부분은 오래되고 온전하지 않은, 소위 빈티지임에도 불구하고 세월이 무색할 정도로 깨끗한 것들이 대부분이다. 도자기를 보고 있으면 기특함과, 각별함과 숙연한 마음까지 든다.

지금 가장 열망하고 있는 도자기
미국 일리노이주에서 세라미스트 부부가 운영 중인 스튜디오 Eshelman Pottery의 도자기. 작년부터 숍에 직접 소개하고 있는 머그잔 형태의 컵인데, 작은 스튜디오 특성상 공급해오는 수량이 늘 넉넉하지 못해 아쉽다.

나만의 표현으로 정의한 도자기의 매력
도자기는 닮고 싶은 존재이자 성실한 매일의 기록이다. 좋아하는 도자기 위에 즐겨 먹는 음식을 담아 먹으며 오늘도 무던히 살아가고 있다는 위안과 즐거움을 얻는다. 음식이 주는 행복보다, 이 작은 도자기 하나가 주는 위안을 먼저 생각해보게 된다. 너그럽게 나를 감싸는 느낌도 들고 그 담음새를 마음으로 기록하게 되니까. 오늘의 나도 그런 사람이 되고 싶다.

매일 사용하는 물건을 소개하는 리빙 셀렉숍 '셀렉트 마우어'를 운영한다. 제품과 공간을 잇는 경험의 선순환 속에서 재미와 의미를 찾아가고 있다.
@select.mauer

성보람

단 한 점의 도자기만 남겨야 한다면
선물가게를 열기로 마음먹고 처음 기획한 시리즈가 박혜성 작가의 은방울꽃 세라믹 컬렉션이었다. 그중 은방울꽃을 양각 부조로 새긴 합은 예물을 보관하는 결혼 선물로 꾸준히 사랑받고 있는 작품이다. 많은 이들의 축복이 가닿는 순간에 자리한다는 점에서 영광스럽고 의미가 크다.

주목하고 있는 아티스트 혹은 브랜드
특정한 작가를 지목하는 것은 늘 조심스럽다.

도자기를 선택하는 기준
곁에 두고 자주 쓸 도자기는 장식적 요소를 배제하고 간결한 디자인을 고른다. 선물가게에서 선보이는 도자기로는 기능성과 실용성을 고려하기보단 기억에 오래 남을 만큼 산뜻하고 포근한 인상을 주는 편이 끌린다.

주로 구매하는 곳
프랑스나 영국에서 낡았지만 아름다운 빈티지 그릇을 찾는 것을 좋아한다. 도자기를 처음 접하는 이에게는 손세은 작가의 다관을 권하고 싶다. 다관은 세라믹 아티스트들이 만들기를 기피할 정도로 지난하고 세밀한 공정으로 만들어진다. 빛깔과 형태가 청아한 다관을 들여다보면 도예는 물론 다도까지 배우고 싶어진다.

최근 들인 도자기
박선영 칼리니스트가 레반다빌라와 함께 연 팝업스토어에서 이재원 작가의 보울 한 조를 사 왔다. 고운 백토로 표면을 분장한 미색 보울과 그윽한 먹빛을 띠는 흑유로 시유한 보울인데, 분청사기에서만 볼 수 있는 거칠고 자연스러운 표현에 마음이 끌렸다. 이악크래프트 쇼룸에서 구매한 오트밀 컬러의 '미떼 밀' 보울 역시 특유의 매트하고 불균일한 마티에르가 아름다워 그릇장을 열면 어김없이 손이 간다. 음식을 담으면 따스한 색감이 소담하게 받쳐주는 점이 매력적이다.

도자기를 대하는 마음가짐과 태도
도자기를 비롯해 유리, 꽃, 종이, 얇은 모시처럼 쉽게 손상될 수 있는 것은 늘 아름답다. 아끼는 도자기가 깨진 순간에는 가슴이 쿵 내려앉고 속상하지만 그렇다고 평소에 도자기를 온전히 지켜내야 한다고 의식하진 않는다. 흙을 손으로 여러 차례 두드리고 열로 소성해 단단하게 만들어서 그런지, 손으로 쓰다듬어 텍스처를 감각하고 자주 사용해야 그 가치가 빛난다.

지금 가장 열망하고 있는 도자기
허상욱 작가의 분청 귀얄 편병. 어느 날 전시에서 파초를 그려넣은 은채 편병의 화려함에 압도되었다가 고개를 돌리니 흰 귀얄 편병이 구석에 놓여 있었다. 자유분방하고 즉흥적으로 붓질한 자국을 그대로 남겨두는 귀얄 기법으로 만든 작품인데, 작가의 인고가 묻어 있는 온화하고 과묵한 존재감은 어떤 것으로도 대체할 수 없다고 생각했다. 쓰임새가 분명하지 않은 도자기를 소유하고 싶다는 마음이 든 건 처음이었다.

나만의 표현으로 정의한 도자기의 매력
한여름 그늘에서의 명상. 똑같은 흰색 중에서도 도자기의 흰색은 소성할 때의 열기가 잔존하는 것처럼 착각하게 만든다. 도자기를 쓰다듬고 들여다보면 회화의 자유분방함과 절제미, 작가의 예술혼마저 전해진다. 그것이 우리 일상과 근접한 도자기가 예술로 편입되고, 무한히 그 세계가 증폭되고야 마는 도자기의 본바탕 아닐까.

작가의 작품을 엄선해서 소개하는 선물가게 '포에지' 대표 겸 프리랜서 에디터. 다정하고 따뜻한 것들에게서 위안과 영감을 얻는다.
@milkywaybook

유미진

단 한 점의 도자기만 남겨야 한다면

디앤디파트먼트 서울에서 구매한 세컨드핸드 시리얼 볼. 한남동에서 자취를 시작할 때 (디앤디파트먼트란 가게 옆에 살고 싶어서 한남동으로 정했다) 첫 살림 중 하나로 마련했다. 바랜 듯한 묘한 미색과 버건디 라인, 빙렬 현상까지 있는 낡은 그릇인데, 당시 자취 준비로 가벼웠던 잔고 사정에도 'used' 코너 덕분에 좋은 그릇을 구해 기뻤던 기억이 생생하다. 잃어버리지 않는다면 평생 껴안고 갈 작정이다.

주목하고 있는 아티스트 혹은 브랜드

이름 없는 그릇들을 발견할 때 더 큰 희열을 느끼는 편이다. 대신 소중한 사람에게 선물한다고 생각하면 nr ceramics 이누리 작가나 지승민 작가의 그릇을 고르고 싶다. 기자 시절 두 분 모두 인터뷰를 해 보았는데, 그릇의 미감은 물론 그 뒤의 애틋한 마음이 크게 전해졌다. 이누리 작가는 국적을 가로지르는 비정형적인 곡선을 만들어내는 감각이 타고났다. 지승민 작가의 경우 브랜드를 함께 전개하는 장우림 디렉터와의 합이 참 절묘하다. 뚝심 있는 마음으로 무언가를 만들어 나가는 사람들의 결과물은 언제든 기쁘게 선물하고 싶다.

도자기를 선택하는 기준

내게 느껴지는 아름다움, 실제로 사용하면서 손에 잡히거나 입술에 닿는 느낌, 그리고 브랜드의 이야기.

주로 구매하는 곳

꼭 사게 되는 곳, 평소에 지켜보는 곳, 안목을 시험해보는 곳으로 나눠 이야기할 수 있겠다.

평소 팔로우하고 있는 크리에이터들이 비정기적으로 펼치는 팝업 혹은 벼룩시장은 잘하는 이들이 아끼는 것들만 쏙 모아서 펼쳐 놓는 곳이라 꼭 제품을 구매하게 된다. 오래전부터 좋은 톤으로 빈티지 그릇을 꾸준히 소개해 온 '유앤웬즈데이 you and wednesday', 패션·리빙 블로거로 유명한 라디오소년의 '몰로이숍 molloy', 유튜버 오눅의 '샵 오눅 shop onuk', 디앤디파트먼트 출신의 오너가 전개하는 '숍 그로브 shop greove'도 눈여겨본다. 긴말할 필요 없는 '챕터원'과 대구 기반 편집숍 '키친툴'까지. 만약 그릇의 바다로 나가고 싶다면 수천만 가지의 역사 속에서 그릇을 찾을 수 있는 이베이 ebay를 추천한다. 해외 꼬리표도 필요 없고 정말 정글로 나가고 싶다면, 신당동과 황학동 일대의 시장을 둘러보기를.

최근 들인 도자기

키친툴에서 구매한 넉넉한 깊이의 국 공기 2점. 넓은 매장에 수많은 그릇이 있었는데, 결국 아무 멋도 내지 않은 푸른 공기에 마음이 쓰였다. 일본 그릇임에도 우리의 옛 그림에 나올 법한 조형을 하고 있는 점도 흥미로웠고. 국 공기라고는 하지만 밥을 쌓아 고봉밥을 먹고 싶다는 생각이 들어 군침을 삼키며 사버렸다.

도자기를 대하는 마음가짐과 태도

모든 흠결을 즐겁게 발견하는 태도. 시간이 갈수록 찻빛으로 물드는 빙렬의 선 하나하나가 사랑스럽다.

지금 가장 열망하고 있는 도자기

다가올 해외여행에서 만날 이름 모를 도자기.

나만의 표현으로 정의한 도자기의 매력

손에서 손으로 전해지는, 인간이라서 느낄 수 있는 행복.

디자인 분야 취재 기자에서 백화점 커뮤니케이션팀으로 적을 옮겨 콘텐츠를 만들고 있다. 좋은 재화의 이야기를 즐거운 감각으로 전한다.
@sidedito

이나경

단 한 점의 도자기만 남겨야 한다면

4년째 길들이고 있는 커피잔. 매일 아침 같은 잔에 커피를 담아 마시며 하루를 시작한다. 점점 커피색으로 물들더니, 지금은 처음 구매했을 당시보다 조금 진한 색감이 되었다. 물만 담아도 물에서 커피 향이 날 정도로 아침 일상이 그대로 담겨있는 잔이다.

주목하고 있는 아티스트 혹은 브랜드

한국의 도예당과 일본의 카루가네 아카리. 나나테이블에서 소개한 첫 한국 작가였던 이기원, 정승은 작가의 도예당은 꾸준한 유약 실험과 도전적이며 거침없는 연구를 하고 있는 분들이라 늘 눈여겨보고 있다. 카루가네 아카리 작가는 명문 미술대학인 무사시노 미술대학을 졸업하고 고향인 기후현에서 활동하고 있는 젊은 작가다. 물레를 사용하지 않고 주로 손으로 흙을 쌓는 방식인 핸드 빌딩으로 작품을 만들며, 분장 흙에 유약 가루를 섞어 마치 그림을 그리는 것처럼 스펀지로 찍어내 작품에 색을 입히는 것이 특징이다. 작품 안에서 확고한 신념이 돋보이는 작가에게 끌리는 편이다.

가장 최근 들인 도자기

카루가네 아카리 작가의 냄비. 최근 이예하 yiyeha와 함께 진행한 전시에서 선보인 냄비였는데, 물레를 사용하지 않고 손으로 흙을 쌓아 만든 작품이다. 하나하나 조금씩 다른 모습을 하고 있어 고르는 데 많은 시간이 걸렸다.

도자기를 대하는 마음가짐과 태도

전시용으로만 생각하지 않을 것. 특히 그릇으로 만들어진 도자기는 고가라는 이유로 가만히 바라보고 있는 것보다는, 사용할수록 더욱더 빛이 난다. 작가로부터 탄생한 기물이 누군가에 의해 사용될 때, 도자기의 인생 여행이 시작된다고 믿는다.

지금 가장 열망하고 있는 도자기

개인적으로 열망하기보다는, 넓은 의미에서 더 많은 한국 도자기를 만나볼 수 있기를 바라고 있다. 아직 한국에는 도자기 그릇을 생소하게 여기는 사람들이 많다. 한국에서 더 많은 도자기가 만들어지고, 그런 도자기 그릇을 사용하는 이들이 늘어나면 좋겠다.

나만의 표현으로 정의한 도자기의 매력

도자기는 길들임의 미학이다. 흙을 빚고 굽는 사람에 따라 결과물이 달라지지만, 사용하는 사람의 손길과 그 안에 담기는 음식에 따라서도 느낌이 사뭇 달라진다. 일상의 공간 안에서 시간이 더해질 때, 그릇의 색이나 텍스처가 '나 자신'과 점점 조화를 이루어 낼 수 있는 게 아닐까?

한국과 일본을 오가며 두 나라의 도자기를 소개하고 전시를 기획하는 나나테이블을 운영 중이다. 한 작가의 도자기 그릇과 그릇에 어울리는 요리를 선보이는 '도자기와 요리 쿠킹클래스'도 진행하고 있다.
@nana.table

이현주

단 한 점의 도자기만 남겨야 한다면

프랑스 도예가 세실 달라디에 Cécile Daladier의 사각 화기. 화기 윗면에 불규칙하게 구멍이 뚫려 있는 피크 플뢰르 pique-fleurs 시리즈 가운데 하나로, 작고 여린 풀꽃과 아주 잘 어울린다. 작업실을 열기 전부터 세실의 작품을 꼭 갖고 싶었는데 2018년 가을, 런던의 블루마운틴 스쿨에 입고되었다는 소식을 듣고 화기를 사기 위해 바로 비행기 표를 끊었다. 무언가를 사기 위해서 비행기를 탄 것은 그때가 처음이었다.

주목하고 있는 아티스트 혹은 브랜드

김동준, 세실 달라디에.

도자기를 선택하는 기준

흙에서 느껴지는 기운, 유약의 두께와 질감, 손 또는 불의 흔적, 되도록이면 장작가마에서 구워 낸 것.

주로 구매하는 곳

공예 장생호, 반김크라프트. 한국공예디자인문화진흥원이 운영하는 KCDF 갤러리, 도예가들의 작업실이 모여 있는 이천 도자예술마을도 추천한다.

최근 들인 도자기

공예 장생호에서 열린 토림도예 전시에서 구매한 작은 찻잔과 숙우. 보통 찻잔을 살 때는 작업실에서 학생이나 손님에게 차를 내기 위해 4인에 맞춰 산다. 그런데 이 찻잔은 오로지 나 혼자만을 위해 쓰고 싶었다. 작고 차분하고 단단하면서도 어딘가 빈틈이 느껴져 좋았다. 그 빈틈을 차를 마시는 시간으로 채우고 있다.

도자기를 대하는 마음가짐과 태도

소중하게 여기지만, 모셔만 두지는 않는다. 귀한 그릇일수록 자주 꺼내 쓴다. 도자기는 생활 속의 기물이고, 계속 쓰여야 소명을 다 하는 것이다. 아끼는 화기나 그릇은 사용하고 난 뒤 씻어서 엎어 놓지 않고 바로 물기를 닦아 반듯하게 보관한다.

지금 가장 열망하고 있는 도자기

세실 달라디에의 새로운 작품들. 세실의 화기를 여섯 점 가지고 있는데 여전히 더 갖고 싶다. 예전에도 그랬고, 지금도 그렇고, 앞으로도 그럴 것 같다.

나만의 표현으로 정의한 도자기의 매력

음양오행이 모두 담긴 조화로운 세계. 도자기의 안쪽은 음, 바깥쪽은 양. 도자기를 구울 때는 나무(木)와 불(火)이, 빚을 때는 흙(土)과 물(水)이, 유약에는 광물(金)이 들어간다. 도자기를 보거나 만질 때 느끼는 안정감은 아마 이 조화로움 때문 아닐까?

플로리스트. 타고난 그대로, 철마다 가장 아름다운 소재로 디자인한 꽃을 선보이는 작업실 '무구'를 운영하고 있다.
@muguborn

이혜민

단 한 점의 도자기만 남겨야 한다면

신현철 작가의 달항아리. 유기적이며 간결한 선에서 나오는 우아함과 청아함을 좋아한다. 어두운 밤하늘에 걸린 환하게 빛나는 둥그런 보름달 같은 형태는 매일 바라보아도 한결같이 아름답다. 헤하우스가 성수동에 처음 둥지를 틀었을 때, 어머니가 소장하시던 달항아리를 선물로 주신 것이라 더욱 마음이 간다.

주목하고 있는 아티스트 혹은 브랜드

매일 사용하고 있는 김은지 작가의 브랜드 '히어리 herere'. 기존에 빚고 계시던 그릇과 보울의 크기를 조금 더 키워 주문 제작했는데, 볼수록 아름답고 맵시 있는 형태에 정이 간다. 해외 작가로는 콘스탄틴 브랑쿠시 Constantin Brâncui의 공간 속의 새 L'Oiseau dans l'espace를 사랑한다. 파리에 살던 시절, 퐁피두센터 옆에 위치한 아뜰리에 브랑쿠시에서 그의 작품들을 보며 많은 영감과 쉼을 얻었다. 파리의 로라 모로 Lola Moreau 작가 역시 작고 빛이 가득한 정원 앞, 그녀의 공방에 가득 찬 온기와 닮은 도자기 그릇을 만들어 나가는 점이 인상 깊었다.

도자기를 선택하는 기준

장식적인 목적 또는 수집을 위한 도자기도 있겠지만, 매일같이 사용하며 닮아가는 과정을 함께 경험할 수 있는 도자기를 선호한다. 조금 더 깊게 들어가자면 도자기를 빚는 이의 이야기, 형태, 색상 그리고 쓰임새가 중요하다.

주로 구매하는 곳

좋아하는 작가의 공방을 직접 방문하는 편이다. 방문하지 못할 때는 작가에게 편지를 보내거나 온라인 숍을 찾기도 한다. 여행을 가면 그 도시를 대표하는 셀렉트숍은 거진 다 둘러 보고 있다. 눈에 아른거리는 도자기를 만나면 바로 구매하기도 하고, 웹사이트를 통해 작가의 다른 작품들을 더 탐닉하다 마음에 닿는 아이를 찾는다.

최근 들인 도자기

따뜻한 노란색 바탕에 가장자리가 남색으로 둘러진 빈티지 그릇을 큰 것과 작은 것으로 하나씩 구매했다. 집에 손님들을 초대하여 요리하는 것을 즐기는데, 준비한 음식이 어떤 캔버스에 올라갈지 항상 고민하며 구매에 임한다. 두 개의 빈티지 그릇은 간단한 디저트나 샐러드를 놓기에 좋을 것 같았다.

도자기를 대하는 마음가짐과 태도

이가 조금 나가도 사람이 다치지 않는 선이라면 그 나름대로의 매력으로 바라보며 오래도록 사용하고 있다. 깨진 접시를 인센스 홀더와 같은 다른 용도로 사용하기도 한다. 첫 구매를 더 신중하게, 참으로 좋아하는 것인지 고려해서 들인다면 그 애정을 핑계로라도 더욱 아끼게 된다.

지금 가장 열망하고 있는 도자기

아주 커다란 좁고 긴 형태의 도자기 하나를 꿈꾸고 있다. 거대한 생선 요리에 도전해보고 싶은데, 그 요리를 올릴 만큼 유기적인 선의 형태를 띤, 오래되고 촌스런 꽃무늬가 둘러진 골동품 같은 그릇이면 어떨까 싶다.

나만의 표현으로 정의한 도자기의 매력

흙이라는 소재가 열을 견뎌내고 작가가 의도한 하나의 아름다운 형태로 빚어진다는 것이 흥미롭다. 그 특별한 소재가 어떠한 방향성에 의해 하나의 작품으로 탄생했을 때 느껴지는 온기가 좋다.

제너럴스토어 헤하우스 @hyehaus와 워터베이커리 @water.bakery 대표. '동반의 가치가 있는 물건'을 찾고, 매일 빵을 구워내는 즐거움을 누린다.
@hejmin_

Finding

The

다양성을 찾아서

Assistant Editor Eunnarae Jo

Diversity

유럽의 독일과 영국, 그리고 미국 뉴욕을 기반으로
전통과 현대의 도자의 다양성을 선보이는 현대 도예가 3인이 보내온 이야기.

강기호 작가

Kiho Kang

@kihokangceramic

작가님에 대해 간단한 소개 부탁드립니다.

2011년부터 독일에서 학업을 마치고 아내와 함께 개인도자작업실을 운영하고 있습니다. 정기적인 도자 워크숍과 독일을 중심으로 한 유럽 내 국가에서 작품활동을 하고 있습니다.

도예에 관심을 가지게 된 계기, 그리고 업으로 하게 된 이유가 무엇인가요?

어릴 적, 도예가가 장래 희망이었던 적은 없었습니다. 한국 입시 분위기에 맞게 점수에 맞는 학과를 선택했고 손으로 재료를 다루는 공예 분야에 관심이 많았을 뿐이었습니다. 경제적인 이유 때문에 도예를 포기하는 심정으로 다른 분야에서 일을 하기도 했지만, 재료와 질감이 주는 매력이 저를 다시 도예가의 길로 인도하였습니다.

기술과 공예에 대한 작가님의 견해를 말씀해주세요.

공예는 한마디로, 가공되지 않은 '자연 그대로의 재료에 의미와 쓰임을 부여하는 일'이에요. 원재료의 특성을 최대한 유지하며, 재료와의 대화를 이끌어가는 과정이 공예가가 기술을 다루는 핵심이 아닐까 합니다. 기술이 재료를 넘어서면, 의미를 잃어간다고 생각합니다. 기술의 적정한 선을 유지한다면 좋은 대화의 도구가 될 수 있습니다. 다만, 아직도 어려운 부분은 덜하지도 과하지도 않은 중간을 유지하는 거죠. 공예가로서 항상 긴장하고 있어야 하는 부분입니다.

대표작에 대한 설명과 본인의 작업관, 작업 과정에 대한 설명 부탁드립니다.

저는 형태를 탐색하는 데 많은 시간을 할애해왔고, 사물 간의 공간과 겹쳐진 형태에서 생기는 형상들에 집중합니다. 일상생활에서 쉽게 발견할 수 있는 그 형상들을 포지티브와 네거티브로 이원화해 인지하곤 합니다. 그렇게 형태들이 이끄는 곳을 따라 작업을 하고 있습니다. 발견한 형태에 대해 무조건적인 확신은 최대한 배제하죠. 주로 코일 성형기법을 이용해 도자에 쓰임을 부여하고자 합니다.

지금 활동하는 도시를 선택하게 된 계기가 무엇인가요? 작업에 대한 현지의 반응은 어떠한지 궁금합니다.

어떤 사람은 활동 국가를 고려할 때 큰 이유가 있을지 몰라도, 저는 구글맵을 통해 도시를 선정했답니다. 지도에서 유럽의 중심지역을 골랐고요. 제가 사는 곳은 독일 주요 대도시까지 차로 하루 안에 도달할 수 있는 정도의 거리입니다. 초창기에 독일어를 배워야하는 어려움이 있었지만, 결과적으로 좋은 결정이었다고 생각합니다. 현지에서는 공통의 관심사를 가진 사람과 대화하는데 많은 수식어가 필요하지 않다는 것을 느꼈습니다. 말이 어눌해도 작품을 두고 서로의 눈빛으로 감정을 읽어가는 것이 중요하니까요.

한국인으로서 해외에서 활동하는 것에 대한 장단점은 무엇인가요?

여러 국적 사람들의 미적 관점을 배우고 소통할 수 있다는 점이 좋습니다. 각 나라의 다양한 미적 관점은 다른 언어로 표현되어 있지만, 비슷한 의미를 가집니다. '미니멀리즘'과 한국의 '절제와 비움'이 같은 이야기를 하는 것처럼 말이죠. 한국 문화에 대한 인식이 높아짐에 따라 제 작업이 한국의 미를 대표해야 하는 경우도 종종 생겨, 책임감과 부담을 동시에 느껴요. 하지만 인간적인 면에 감동을 받을 때도 많죠. 어느 수집가는 제 작업을 선택하는 데 4년 정도를 소요했어요. 처음에는 건조한 인사부터 시작했는데, 지금은 매년 아이들 생일이나 크리스마스 때마다 직접 쓴 손편지를 보내와요. 그럴 때마다 공예는 '소통 그리고 인간관계'와 떼어낼 수 없는 영역이라고 생각합니다.

7월 파리 세라믹 아틀리에 박람회에 참여하신 것에 대한 이야기를 들어볼 수 있을까요?

유럽의 기후, 이를테면 남부의 일조량에 따라 사람들의 미적 관점과 생활 공간에 대한 인식이 다르다는 걸 많이 느꼈어요. 특히 프랑스 사람들은 예술작품에 상대적으로 열려 있습니다. 일상생활에서는 절약에 철저하지만 관심있는 예술 분야에 기꺼이 비용을 지불하는 모습을 많이 보았죠. 소비에 대한 관념, 부모를 통해 무의식적으로 자리 잡은 물건의 가치에 대한 인식이 많이 다릅니다. 행사 일정이 끝나고 누군가 가방에서 와인과 치즈를 내놓으면, 자연스럽게 음악에 맞춰 춤을 추게 되지요. 매번 그런 순간이 올 때마다 무엇을 위해 도예 작업하는지에 대해 되새기게 됩니다.

작가님이 주목하고 있는 최근 도예 분야의 트렌드는 무엇인가요?

특별히 트렌드에 대해서 많은 생각을 하지 않아요. 다만 제 작품이 놓일 공간에 대해 항상 생각합니다. 예전과 달리, 가족 구성원이 많지 않은 시대라 주거 공간이 간소화되었어요. 테이블 및 가구 역시 콤팩트해졌죠. 생활패턴과 인테리어에 많은 트렌드가 반영되어 도예에도 영향을 주는 듯합니다.

현재 도예의 흐름에서 작가님이 하고 싶은 역할이 있다면 무엇인가요?

도예는 재료와 밀접한 분야이기 때문에 넓은 의미에서는 녹는 점을 가진 모든 재료가 도예에 사용될 가치가 있습니다. 도예 분야의 발전을 위해 다양성은 반드시 존재해야 할 건강한 방향이라 믿고요. 도예가들이 다양한 시도를 하고 도전하는 모습을 매우 즐겁게 지켜보고 있습니다. 저도 제자리에 안주하지 않고 항상 연구하는 자세로 발전하고자 합니다. '독일에서 활동하는 한국인 도예가'. 이 자체도 현대 도예가 추구하는 다양성의 하나 아닐까요. 제 위치를 무겁게 여겨 책임감을 느끼며, 괜찮은 도예가로 남고 싶은 마음입니다.

도예를 바라보는 시선이 다양해지고 있습니다. 앞으로 도예의 역할에 대해 어떻게 전망하시나요?

저는 유럽에서 초중등생들이 오면 꼭 도자를 만져보게 하고, 시간을 더 할애하여 이야기를 나누려 합니다. 어렸을 적 받은 재료에 대한 인상과 감동은 소비자 또는 작가로서 다음 세대를 위한 좋은 밑거름이 될 거라 생각합니다. 사람들과 작품을 두고 눈을 마주친 채 직접 대화하는 게 중요하다고 생각해요. 특히나 도자는 형태, 질감 그리고 무게가 하나의 미적 감동이 되기 때문이죠.

도예는 재료와 밀접한 분야이기 때문에 넓은 의미에서는
녹는점을 가진 모든 재료가 도예에 사용될 가치가 있습니다.
도예 분야의 발전을 위해 다양성은 반드시 존재해야 할
건강한 방향이라 믿고요.

강기호

Untitled (2021)

Untitled (2022)

김진의 작가

Jinoui Kim

@jineuikimceramics

작가님에 대해 간단한 소개 부탁드립니다.

영국 카디프에서 도예가로 활동하고 있는 김진의라고 합니다. 영국, 유럽, 미국 등 여러 나라에서 전시와 아트페어를 통해 꾸준히 새로운 작품을 선보이며 활발히 활동하고 있습니다.

도예에 관심을 가지게 된 계기, 그리고 업으로 하게 된 이유가 무엇인가요?

호주 어학연수 중 한국에서의 텍스타일 디자인 작업을 인정받아, 타즈마니아 대학교 University of Tasmania 아트스쿨 2학년으로 편입할 수 있었습니다. 어릴 때부터 무언가 만드는 재주는 있었지만 미술관련 기초 지식이나 기술이 전혀 없었기 때문에 모든 과정이 새로운 경험이었습니다. 도예 과목 중 물레 위에 앉아 흙을 만질 때면, 오랜 시간 작업에도 피로하지 않았고 아이디어가 샘솟아 점점 빠져들었습니다. 이후 제 재능과 노력이 인정받고 작업으로서 좋은 성과가 나오기 시작하면서, 도예가의 길에 점차 자신감을 가지게 되었습니다.

기술과 공예에 대한 작가님의 견해를 말씀해주세요.

공예 분야에 있어 기술은 정말 중요합니다. 기술의 완성도와 숙련도는 작품의 질에 직결되는 것이고 이 둘이 높아질수록 창의적인 결과가 나옵니다. 그뿐만 아니라 기술의 다양성은 작가의 창작 한계를 줄여줄 수 있습니다. 하지만 이러한 고도의 기술로 만들어진 작품에 대해 '어떻게 만들었지' 같은 기술적인 면보다는 '예술성'과 '의도'에 좀 더 관심을 두어야 합니다. 작가들 또한 얼마나 어렵고 힘든 작업인지에 대해 생각하기보다는 '왜' 만들었는지 깊이 생각하는 것이 더욱 중요하다고 생각해요.

대표작에 대한 설명과 본인의 작업관, 작업 과정에 대한 설명 부탁드립니다.

저는 다양한 톤의 변화, 선의 두께나 간격의 점진적 변화를 이용하여 도자 표면에서 시각적 효과(착시현상)를 일으키는 방법을 연구합니다. 제가 소개하고 싶은 작품은 'OPerspective – Wall Piece no.2'로, 현재 프랑스 개인전의 대표작이기도 합니다. 2m

전방 관객의 눈높이인 소실점으로부터 원근법에 따라 121 개의 육면체들이 정면만 보이고 옆면은 보이지 않도록 제작하였고, 어두운 배경을 통해 육면체들의 그림자가 보이지 않게 하였습니다. 도자 표면에 구현되는 요소를 최대한 없애거나 가려 실재 Reality와 착시 Illusion 사이에서 관객이 시각적 의문을 갖게 합니다.

지금 활동하는 도시를 선택하게 된 계기가 무엇인가요? 작업에 대한 현지의 반응은 어떠한지 궁금합니다.

카디프는 웨일즈의 수도로 영국 내에서 자치의회를 구성하고 있는 도시이기 때문에 예술과 문화의 다양성을 존중하고 지원한다는 점이 매력적이었습니다. 특히 유럽에서 인정을 받는 카디프 스쿨 오브 아트앤디자인의 도예 학과가 있어 선택의 큰 이유가 되었습니다. 물론 런던과 비교해 학비와 생활비가 적게 든다는 점도 무시할 수 없는 장점이었습니다. 현지 반응을 제가 직접 말씀드리는 것이 조금 쑥스럽습니다만, 꽤 오랫동안 영국에서 도예가로서 왕성하게 활동하는 중이기에 도예에 관심 있는 사람들에게 많이 알려지는 중이라 생각합니다. 특히 현대 도예 신에서 제 작품의 독창성과 완성도, 제가 추구하는 예술성이 특별하다고 평가되어 다양한 전시와 수상을 통해 인정 받고 있다고 생각합니다.

한국인으로서 해외에서 활동하는 것에 대한 장단점은 무엇인가요?

해외 활동의 단점보다 장점이 많다고 느낍니다. 유럽은 도예작품에 대한 예술적 인식이 상대적으로 높아서 도예가 주목받는 분위기입니다. 최근 한국 문화에 대한 관심이 커져 '한국인 도예가'라는 점이 오히려 시선을 끌 수 있는 요인이 될 수 있다고 생각합니다. 다양성을 인정해야 한다는 사회 분위기와 시스템이 정착되어 있어 정부의 지원을 받는 과정에서도 불이익보다는 장점이 되었던 것 같습니다

현재 프랑스 파리 갤러리 드 란시엔 포스트에서 진행 중인 전시에 대한 이야기를 들어볼 수 있을까요?

전시 'Reality and Illusion' 은 프랑스에서의 첫 개인전입니다. 갤러리 드 란시엔 포스트는 현대 도자 갤러리로 25년의 명성을 가진 곳입니다. 이런 곳에서 전시를 한다는 것 자체가 작가로서 굉장히 영광스러운 일이었습니다. 작업의 기술적인 면보다는 '무엇을 보여주려 하는가'에 더 집중하였고, 다양한 작품들과 앞으로의 작품에 대해 소개하였습니다. 며칠간 갤러리에 머물며 갤러리 오너, 오프닝에 온 다양한 사람들과 대화를 나누었고 앞으로의 작업 방향이나 작가로서 활동 방향에 대해 많은 고민을 하게 되었습니다. 이번 기회가 작가로서 새로운 전환점이 될 것 같습니다.

작가님이 주목하고 있는 최근 도예 분야의 트렌드는 무엇인가요?

작가들은 자신의 개성대로 작품을 만들어 발전시키기 때문에 트렌드에 영향을 받는다고 보지 않습니다. 트렌드라기보다 요즘 많이 보이는, 소위 잘나가는 작가들의 작품들을 보면 전통적 도자기의 형태에 현대적인 요소를 가미한 작품들이 큰 관심을 받는 것 같습니다.

현재 도예의 흐름에서 작가님이 하고 싶은 역할이 있다면 무엇일까요?

도예작품에는 기능성과 예술성이 공존합니다. 도예작품의 기능적 특성으로 인해 예술성이 저평가되는 경우가 많아, 이러한 흐름은 도예의 발전에 바람직하지 않다고 생각합니다. 도예작품이 회화나 조소, 조각 작품과 동등하게 평가받아야 한다고 생각합니다. 그래서 저는 도예의 예술성을 높이는 데 기여하고 싶습니다. 최근에는 작가와 갤러리의 노력으로 예술성에 대한 평가가 조금씩 이루어지고 있다고 생각합니다.

도예를 바라보는 시선이 다양해지고 있습니다. 앞으로 도예의 역할에 대해 어떻게 전망하시나요?

도예는 재료와 가마, 또는 날씨에 따라 변수가 많아 결과를 예측하기 힘들 때가 많습니다. 새로운 기술을 위해서는 수많은 실패를 겪고 익숙해질 때쯤 만족스러운 결과를 얻을 수 있습니다. 도예 작품은 보여지는 것에 더해 기술적인 면도 중요하게 평가받아, 이것은 도예가 가진 또 하나의 이야기거리이자 장점이라고 생각합니다. 다양하고 독창적인 기술을 겸비한 도예가들이 많아진다면 도예를 바라보는 사람들의 인식도 변화할 거라 생각합니다.

A group of OPject-spherical form (2022)

OPerspective – Wall Piece no.2 (2022)

고도의 기술로 만들어진 작품에 대해 '어떻게 만들었지' 같은
기술적인 면보다는 '예술성'과 '의도'에 좀 더 관심을 두어야 합니다.
작가들 또한 얼마나 어렵고 힘든 작업인지에 대해 생각하기보다는
'왜' 만들었는지 깊이 생각하는 것이 더욱 중요하다고 생각해요.

김진의

A pair of OPverse-Cylindrical form (2022)

임정연 작가

Jeongyeon K. Lim

@jeongyeon_k_lim

작가님에 대해 간단한 소개 부탁드립니다.

뉴욕에서 도예가로 활동하고 있는 임정연입니다.

도예에 관심을 가지게 된 계기, 그리고 업으로 하게 된 이유가 무엇인가요?

도예는 우연한 계기로 시작하게 됐는데, 배우면 배울수록 20대 때 미쳐있던 스케이트보드와 닮은 점이 많았습니다. 보드를 타고 그 위에 몸을 맡길 때면, 그 순간만큼은 온전히 저 자신에게 집중하게 되고, 어떠한 구속도 느껴지지 않거든요. 저를 얽매는 것들에게서 해방된 듯한 자유로움까지 느낄 수 있답니다. 물레로 도자기를 빚을 때도 비슷한 느낌을 받았습니다. 보드를 탈 때처럼 리듬과 흥이 느껴지고, 좀 더 집중해 작업할 때는 마치 명상을 하는 기분이 듭니다. 이렇게 제가 좋아하는 것에는 서로 닮은 점이 많아요. 특별한 계기 없이 자연스럽게 도예에 빠져들게 된 것 같습니다.

기술과 공예에 대한 작가님의 견해를 말씀해주세요.

기술이 문제해결의 과정이라면, 공예는 그 과정에 인간의 감정을 더한 표현이라고 생각합니다. 인간은 도구를 사용하면서 진화했습니다. 저는 도구의 발달 자체가 문제를 해결하는 과정의 연속이라고 보거든요. 이런 기술적인 발달과 더불어, 인간의 아름다움을 추구하고자 하는 본능이 공예라는 분야를 발전시켰다고 봅니다. 이렇듯 기술과 공예가 가진 자체의 목적성은 다르지만 서로 뗄 수 없는 관계라고 생각합니다.

대표작에 대한 설명과 본인의 작업관, 작업 과정에 대한 설명 부탁드립니다.

제 대표작은 ‘Cracked Buncheong’ 시리즈입니다. 보통 계획 없이 만든 결과물에서 영감을 받고 자유분방하게 작업하는 편인데, ‘Cracked Buncheong’ 시리즈도 이런 과정을 통해서 만들어졌습니다. 도자기 표면의 크랙은 도자기 분장 작업 중 실수로 화장토를 너무 많이 부어 생긴 표현으로, 흙의 종류와 화장토의 농도에 따라 다양한 연출을 할 수 있는 것이 특징입니다.

지금 활동하는 도시를 선택하게 된 계기가 무엇인가요? 작업에 대한 현지의 반응은 어떠한지 궁금합니다.

뉴욕은 결혼하면서 이민을 오게 됐는데, 처음 뉴욕에 도착했을 때 서울과 비슷한 느낌을 받았어요. 길거리의 많은 사람과 시끄러운 소음들. 대도시 생활에 익숙한 저에게는 낯선 환경이지만, 동시에 안정감을 느꼈죠. 하지만 시간이 지날수록 두 도시는 비슷하면서도 아주 많이 다르다는 걸 깨달았어요. 서로 다른 인종과 문화를 가진 사람들이 한곳에 모여 사는 독특한 환경. 이 멜팅팟 같은 도시에서 나는 누구이고 나의 뿌리와 문화는 무엇인가라는 생각이 자꾸 들었죠. 오히려 뉴욕에 정착하면서 한국에서 살 때 미처 느끼지 못했던 우리 문화의 소중함을 깨닫는 계기가 됐습니다. 제 작업에 대해서는 한국의 전통이 느껴지면서도 표현기법이 흥미롭다는 얘기를 많이 들었습니다.

한국인으로서 해외에서 활동하는 것에 대한 장단점은 무엇인가요?

작업물 자체로만 평가해주는 것이 장점이고, 도예가로서 한국의 질좋은 흙과 재료들을 쉽게 구할 수 없는 것이 가장 큰 단점인 것 같습니다.

블루보틀과의 협업에 대한 이야기가 궁금합니다. 어떻게 이루어졌는지, 작업 과정은 어땠는지요?

초 공방인 Cavern New York과 협업한 'Haejeong초'를 보고 블루보틀 측에서 연락을 주었습니다. 'Haejeong초'는 초를 다 쓴 후 찻잔으로 사용할 수 있다는 것이 큰 특징인데, 블루보틀에서 이 점에 관심을 보였습니다. 기존의 덤벙분청 기법으로 만든 컵을 제안하여 협업이 이루어졌습니다.

작가님이 주목하고 있는 최근 도예 분야의 트렌드는 무엇인가요?

근래 들어 뉴욕에서 달항아리가 대중적으로 인기를 끌고 많은 아티스트에게 영감을 주고 있습니다. 덕분에 한국 도예가들도 많은 관심을 받게 됐습니다.

현재 도예의 흐름에서 작가님이 하고 싶은 역할이 있다면 무엇인가요?

뉴욕이라는 도시에 살고 있지만, 한국 도예가로서 우리 선조가 남긴 가치와 아름다움을 대중적으로 널리 알리고 싶습니다.

도예를 바라보는 시선이 다양해지고 있습니다. 앞으로 도예의 역할에 대해 어떻게 전망하시나요?

도예가 대중화될수록 그 뿌리가 어디에서 시작하는지 제대로 아는 것이 중요하다고 생각해요. 이러한 정체성을 지켜나가는 과정에서 진정한 발전이 생긴다고 믿습니다.

Cracked Buncheong Moon Jar (2019)

Heugyu Buncheong Moon Jar (2017)

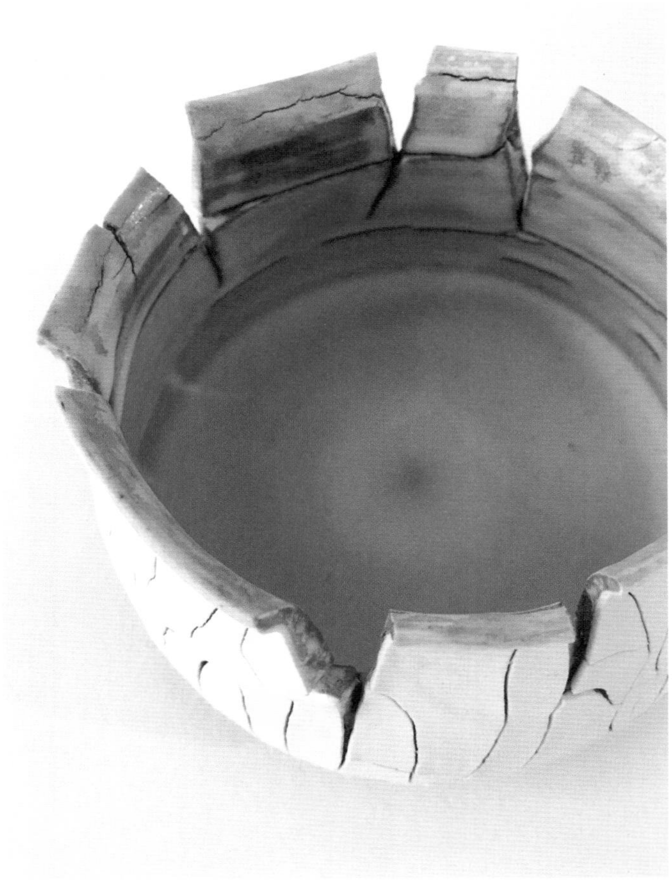

Creacked Buncheong Moon Jar (2017)

Ceramic Origin Candle (2022)

물레로 도자기를 빚을 때도 비슷한 느낌을
받았습니다. 보드를 탈 때처럼 리듬과 흥이 느껴지고,
좀 더 집중해 작업할 때는 마치 명상을 하는 기분이 듭니다.
이렇게 제가 좋아하는 것에는 서로 닮은 점이 많아요.
특별한 계기 없이 자연스럽게 도예에 빠져들게 된 것 같습니다.

임정연

과거의 것을 소개하는 사람, 작가들의 작업을 독려하는 사람, 여유를 선사하는 사람.
각자의 방식으로 사람들에게 '기물'을 전하는 세 사람의 이야기를 들어보았다.

A Messenger

Editor Jisoo Oh   Photographer Minhwa Maeng

공예의 본질을 전하다

정소영의 식기장, 정소영 대표

정소영 대표가 식기의 형태로써
우리 공예를 소개하는 '정소영의 식기장'
문을 연 것은 2005년의 일이다.
작은 그릇 하나를 보고도 '이 작품은 어떻게
봐야 하나요?' 묻던 시절. 우리 삶과 공예의
거리가 좁혀질 수 있었던 건, 내로라하는
작가들의 작품을 기교 없이 쌓아 놓고
이곳은 '그저 그릇 가게일 뿐'이라고 말하는
정소영 대표와 같은 이들의 태도 덕분이
아닐까. 식기장 앞에 굳이 자신의 이름을
붙인 것은 '내 이름을 걸겠다'는 자부심을
의미하지 않는다. 당시 가장 흔한 이름 중
하나였던 '소영'을 붙임으로써,
평범한 누군가가 가져다 놓은 그릇일
뿐이니 얼마든지 편하게 고르고
감상하라는 것. 그렇게 벌써 20년이 가까운
세월 동안 정소영의 식기장은 우리 삶을
윤택하게 만드는 식기들을 소개하고 있다.

정소영
'정소영의 식기장', '갤러리 완물'을 통해,
식기를 포함한 다양한 분야의 공예품을 소개한다.
작가와의 활발한 협업으로 늘 새로운 작품과
전시를 선보이고 있다.
@sikijang2005

2005년에 문을 연 '정소영의 식기장'도 곧 20년이 다 되어 갑니다. 감회가 어떠신가요?

20대에 하던 일을 지금까지 할 수 있다는 건 축복이에요. 오래 봐야 보인다는 말이 있잖아요. 일도 마찬가지인 것 같아요. 일하면서 몰랐던 재미를 알아가고, 그러다 어려움에 맞닥뜨리면 또 극복해 나가면서 일에 대한 애착이 커지고, 이 과정을 반복하면서 일의 본질에 근접해간다고 할까요? 언제부터인지 공예 분야에 유대감 혹은 소속감 같은 걸 느껴요. 그것을 기반으로, 앞으로도 계속해 나갈 수 있을 거라는 기대심도 있고요.

'정소영의 식기장'과 더불어 '갤러리 완물'을 함께 운영하고 계세요. 두 공간의 성격은 어떻게 다른가요?

식기장은 말 그대로 그릇 가게예요. 공예를 베이스로 하는, 쓰기 좋은 테이블 웨어를 개발하고 판매합니다. 물론 공예를 몰라도 생활인이라면 누구나 쉽게 다가와 주관적으로 평하고 구입해 쓸 수 있어요. 지극히 사용자 중심적이죠. 갤러리 완물은 공예의 다양한 쓰임을 제시하되, 테이블 위에 국한된 것이 아닌 생활 공간으로 장을 확장하고 있어요. '쓰임' 또한 보다 포괄적인 개념으로 접근하고 있죠. 이름에는 희롱할 완(玩)을 쓰면서 다양한 관점에서 바라보고 즐기길 바라는 마음을 담았어요. 식기장과 또 하나 다른 점이 있다면, 보다 제작자에 집중한다는 것인데요. 제작자의 표현 의지를 드러내는데 집중하면서, 소비자보다는 컬렉터를 구축하기 위해 노력하고 있어요.

공예를 전공하셨고, 가구 디자이너와 갤러리스트를 거쳐 식기장을 열었죠. 공예의 다양한 분야 중에서도 도자기, 식기에 관심을 두게 된 이유가 있었나요?

세라믹 아트 전문 갤러리에서 직원으로 일할 당시, 직접 뭔가를 만들어내는 일에 대한 갈증이 있었어요. 그걸 해소하는 방법이 테이블 세팅과 꽃꽂이였는데, 의외로 반응이 좋았어요. 잡지사에서 제가 한 세팅 그대로 가져가서 촬영을 하기도 하고, 푸드 스타일리스트로 일해보지 않겠냐는 제안도 받았죠. 당시에는 별생각이 없었고, 결국 아무 계획 없이 퇴사를 했는데 우연한 기회로 레스토랑 기물 디자인 컨설팅 일을 제안받게 됐어요. 그렇게 맡게 된 단발성 프로젝트가 나중에 그릇 가게를 열어야겠다는 생각으로 자연스럽게 연결됐죠. 의지를 갖고 시작했다기보다는 하던 일이 저의 정체성으로 사람들에게 인식되면서 식기장을 운영하게 된 것 같아요.

대표적으로 어떤 작가의 작품들이 식기장을 거쳐 갔는지 궁금합니다.

2005년 문지영, 이윤신 작가의 그릇으로 제주 비오토피아 레스토랑 기물 작업을 시작했고, 이후 이은범, 이창화 작가가 합류했어요. 허상욱 작가의 전시로 갤러리를 열었고, 또 다른 초창기 작가로는 정재효, 이강효, 손경희, 장미네, 아키야마 준, 한정용, 백경원, 송민호, 김보경, 고희숙, 조원석, 이인진 작가가 계시죠. 때가 차서 인연이 다하는가 하면, 20여 년이 흐른 지금까지도 함께 하고 있는 작가들이 있고, 신진 작가들도 계속해서 새롭게 합류하고 있습니다.

그중에서 기억이 남는 작가가 있나요?

물론 모든 분이 기억에 남지만, 특별히 고마움을 표해주어 감동받고 또 보람을 느끼게 해주었던 백경원 작가가 있어요. 백경원 작가는 손가락으로 꼬집는 듯한 동작을 반복하여 흙 띠나 판을 쌓아 올리는 '핀칭' 기법을 쓰는데, 도자기를 막 시작할 때 배우는 기초적인 스킬 중 하나이기도 하고 생산성도 좋지 않아, 당시 공예 시장에서 많이 볼 수 있는 작업의 유형은 아니었어요. 그런 기법을 붙잡고 버티고 있던 그의 뚝심이 마음에 들었다고 할까요? 백경원 작가에게 냅킨 통 같은 걸 만들어보자 제안했는데, 어디에서도 본 적 없던 흥미로운 결과물을 만들어 왔어요. 이때 했던 작업이 자신의 작업 방향을 정하는데 도움이 되었다며 훗날 고맙다는 인사를 하더군요. 남다른 결과물을 만들고야 말겠다는 그의 의지가 저의 평범한 제안을 특별하게 만든 것이라 생각해요. 서로 좋은 영향을 주고받아서 기억에 남아요. 물론 지금도 꾸준히 같이 일하고 있죠.

최근 관심을 갖고 주목하고 있는 작가가 있다면 소개해주세요.

요즘에는 여병욱 작가와 윤솔 작가에게 마음이 쓰입니다. 여 선생님은 2020년 개인전 이후 작품의 규모를 키우는 작업에 매진하고 계시는데요. 작품이 가마 안에서 계속 파손되고 있어서, 올해 계획했던 전시는 내년으로 미뤄야 했어요. 중력에 대한 그의 도전이 그만 난항을 끝내고 성과 내기를 바라고 있습니다. 윤 선생님도 새로운 작업 진행으로 치열한 날들을 보내고 계세요. 역시 전시를 연기하지 않을 수 없었죠. 두 분을 포함한 여러 작가가 자신과의 싸움에서 결국은 승리할 거라 믿고 응원하고 있어요.

현재 식기장에서 소개하고 있는 작품 중 특별히 이번 <어반라이크>에 소개하고 싶은 작품이 있다면 무엇인가요?

식기장에 오셔야만 보실 수 있는 작업들이 있어요. 도예가 문다운, 박서연, 신재일, 윤솔, 여병욱, 장미네가를 비롯해, 금속공예가 임문걸, 정기연, 정유리가, 유리공예가 김기라, 김수연, 김정은, 조현성이, 가구 디자이너 최슬기의 작업이 그렇습니다. 이들은 의식적으로 1인 생산체제나 가내수공업 형태를 취하고 있어요. 퀄리티를 컨트롤할 수 있는 범주 내에서 일하기 위한 자신의 선택이죠. 메이킹의 즐거움을 지킬 수도 있고요. 결과적으로 생산량이 적어 식기장에만 있을 수밖에 없는 작품들이에요.

작품을 보듯 구경하는 일과 실제로 내가 사용할 식기를 고르는 일은 매우 다를 것 같아요. 나에게 맞는 식기를 고르는 대표님만의 노하우가 있다면 무엇인가요?

자신의 식생활에 효율적으로 활용할 수 있는 아이템을 선정할 필요가 있어요. 갖고 있는 그릇을 살펴보고 추가하면 좋을 법한 그릇을 찾는 거죠. 그 외의 요소는 자신의 감각과 판단을 신뢰하세요. 직접 만져도 보고 이리저리 들어도 보고, 그러다 그냥 집에 갔는데 자꾸 생각나요. 그러면 한 번 사보는 거예요. 그릇을 고르는 것도 옷을 고르는 것과 다를 바가 없어요.

지금까지 만나고 접한 공예품 중 가장 기억에 남는 것은 무엇인지 궁금합니다.

몇 년 전 런던에서 열리는 아트 페어 '콜렉트'에 참가했을 때 일인데, 비행기에서 내리자마자 현장으로 바로 가서 작품을 설치해야 했어요. 설치를 마친 늦은 밤 몹시 피로한 상태로 페어장을 나서려던 중, 한 부스에 설치된 작품 하나를 보았죠. 피엣 스톡만 Piet Stockmans이라는 벨기에 출신의 도예가의 작품이었는데, 일순간 모든 피로를 떨칠 수 있었어요. 어쩜 그렇게 아름답던지, 마치 흙으로 쓴 시 같더군요.

정소영 대표가 살펴보고 있는 것은 정재효 작가의 작품.

김인식 작가의 백자가 갤러리 완물 한쪽에 자리하고 있다.

공예의 본질이란, 메이킹을 향한 개개인의 꿈과 도전
수련의 소산이에요. 작가와 작품에 대한 존중,
도덕성 같은 것이 시장의 성장과 함께 나아갔으면 해요.
공예의 순수한 가치를 지키고 확장해 나가는 데
공예 산업의 방향성 또한 맞춰지기를 바라는 것이
큰 욕심은 아니겠죠?

다양한 주제의 전시로 변모할 예정인 갤러리 완물.

오랜 기간 공예에 몸담으신 만큼, 여러 가지 변화 혹은 현상들을 목격하시지 않았을까 싶은데요. 공예에도 트렌드가 있다고 생각하시나요?
현재는 공예를 전공한 졸업생 중 전업 작가로 커리어를 시작하는 젊은이들의 약진이 눈에 띄어요. 막상 대학 내에서는 공예 학과가 사라지고 있다는 사실이 아이러니하지만요. 타 분야에서 공예와 협력을 시도하는 움직임이 활발해지고 있고, 다양한 분야의 작가 활동이 활발해지고 있어요. 재료도 더욱 다양해지는 것 같고요. 여전히 테이블 웨어 중심의 시장을 형성하고 있는 가운데, 오브제 시장 또한 조금씩 생겨나는 것 같아 반가워요.

말씀하신 흐름 속에서 우려하시는 부분도 있을 것 같습니다.
공예는 산업이기 전에 시각예술의 한 분야라는 점을 다시 한번 새겼으면 해요. 보통 하나의 작품이 시장에서 인기가 있다 싶으면 기업에서 대놓고 따라 하면서 대량으로 생산할 때가 있어요. 그러면 너무 화가 나죠. 공예의 본질이란, 메이킹을 향한 개개인의 꿈과 도전 수련의 소산이에요. 작가와 작품에 대한 존중, 도덕성 같은 것이 시장의 성장과 함께 나아갔으면 해요. 공예의 순수한 가치를 지키고 확장해 나가는 데 공예 산업의 방향성 또한 맞춰지기를 바라는 것이 큰 욕심은 아니겠죠?

이제 막 커리어를 시작하는 젊은 작가들에게 바라는 것이 있다면요?
만들기의 순수한 즐거움을 누릴 수 있기 바랍니다. 자신의 작업에 대한 시장의 반응에 예민해지지 않았으면 해요. 작업의 동기는, 주문 등 외부 요청에 의해서가 아닌 자신 안에 있어야 하죠. 남이 요구한 것을 계속 만들다가는 나중에 내 것을 하려고 할 때 어디서부터 어떻게 시작해야 할지 모르는 상황이 올 수 있어요. 그건 자기 자신에게도 손해지만 사회적으로도 큰 손해죠. 재능 있는 작가를 잃는 거니까요. 지금 내가 하는 일이 내 미래예요. 그런 생각으로 작업을 이어갔으면 좋겠어요.

현시점에서 식기장의 색깔을 어떻게 정의할 수 있을까요?
'다양성'이라고 말할 수 있어요. 지금도 여전히 제 취향이 반영되고 있는 건 사실이지만, 초반에는 지금보다 그 기준이 더 엄격했던 것 같아요. 예컨대 똑같은 작가가 만든 작업이라도, 식기장의 철학과 방향이 일치하는 작업이 있고, 그렇지 않은 작업이 있을 수 있잖아요. 당시에는 그런 부분을 제 안목의 한계라고 생각하지 못한 채 작품을 평가하고 걸러내곤 했죠. 그런 저를 보시던 어머니께서 어느 날 날카롭게 물으셨어요. "너는 저 작품에 들어간 시간과 정성이 보이지 않니?" 그날의 충격을 잊을 수가 없어요. 관점이 변하고 눈이 열리는 계기가 되었어요. 그 이후로는 최대한 다양한 경향의 공예 작업을 소개하려고 노력합니다.

이번 <어반라이크>는 '삶을 담는 도구'로서의 공예, 그리고 도자기에 초점을 맞추고 있습니다. 식기장과 갤러리 완물을 가득 채우고 있는 기물들은 대표님께 어떤 의미인가요?
그 많은 그릇더미는 저에게 저걸 만든 각각의 사람들을 의미해요. 지금 여기 놓여 있는 이 기물의 상태가 누군가의 현재인 거죠. 저는 그걸 잘 들여다보면서 함께 나아갈 방향을 모색하고 대화하고, 쭉 그렇게 살아온 것 같아요. 일과 삶의 균형을 유지해야 한다고 생각하던 때도 있었지만 언제부터인가 일이 곧 삶이 되어 있네요. 자주 만나는 사람도 같이 일하는 작가이고, 제일 재미있는 대화도 작업 얘기예요. 그렇다 보니 어려움도 일에서 오지만 회복도 일에서 얻죠. 이렇게 함께 살아가는 과정이 그릇으로 쌓였다가 사라지기를 반복하면서 점차 변모하여 오늘의 식기장에 이른 것 같아요.

과거와 현대를 잇는 일

고려방, 김경우 대표

會員名簿

고려방에서는 도자기, 목가구, 민화 등 다양한 분야의 고미술품을 만나볼 수 있다.

김경우 대표가 고미술품 갤러리 '고려방'의 운영을 맡게 된 건 2014년 무렵이다. 30대 초반의 나이에 고미술품을 소개한다는 것은 그를 지켜보는 사람에게, 무엇보다 본인 자신에게 큰 도전으로 느껴졌을 터. 과거의 사물을 더 잘 알리겠다는 마음으로 시작한 공부는 오늘날 현대 작가들과의 활발한 협업으로 이어져 오고 있다. 가구와 도자기를 비롯한 무수히 많은 공예품은 삶에 필수 불가결한 요소라고 말하는 김경우 대표의 이야기를 들어봤다.

김경우
인사동에 위치한 고미술품 갤러리 '고려방'의 대표. 보다 젊은 감각으로 고미술품과 현대 미술 시장의 다리를 놓기 위해 전시 등 활발한 활동을 이어가고 있다.
@krb.gallery

언제부터 고미술품에 관심을 가지셨어요? 고려방을 운영하게 된 계기가 궁금합니다.

제가 어려서부터 아버지를 많이 따랐는데요. 아버지가 취미 삼아 하나둘 모으시던 것들이 점차 그 수가 늘어나서 이 공간을 열게 되었습니다. 나중에는 자식 중 한 명이 고려방을 이어받기를 원하셨는데, 원래는 저희 형이 하려고 했었어요. 그런데, 아무래도 안 맞는 것 같다고 해서 '그럼 제가 하겠습니다'라고 한 것이 지금에 이르렀어요. 워낙 어렸을 때부터 봐오던 물건들이라 익숙하기는 했는데, 제가 재무 전공을 했던지라 전문 지식은 모자란 부분이 있었던 것 같아요. 동아시아 미술 석사 과정을 밟으면서 공부를 시작했습니다. 아는 만큼 보인다고, 그러고 나니까 이쪽 일이 더 재미있게 느껴지더라고요.

이전의 고려방과 현재의 고려방은 색깔에 있어 어떤 차이가 있나요?

아버지가 운영하실 때는 화려한 물건들이 더 많았던 것 같은데요. 저는 조금 더 굵고 선명한 느낌의 물건들을 선호해요. 간단명료하면서도 임팩트가 있는 것들이요. 그래서 가끔 아버지께서 오시면 아버지 취향의 물건들을 쓱 두고 가세요. 그럼 제가 다시 쓱 치우죠. (웃음) 어쩔 수 없잖아요. 현재는 고미술품뿐만 아니라 현대의 작가, 도예가들이 만든 물건도 관심 있게 바라보고, 함께 다루고 있습니다.

현재의 고려방에서는 주로 어떤 미술품을 다루고 있는지 소개해주세요.

가장 큰 비중을 차지하는 건 목가구예요. 그 다음에는 목가구 위에 올려두기 좋은 도자기가 많은편입니다. 백자, 청자 가리지 않고 다 좋아하는데 특히 애정을 갖고 있는 건 토기예요. 백자나 청자는 조선시대 때부터 어떤 식으로 전해오고 있다는 나름의 히스토리를 갖고 있는 경우가 많은데, 토기는 그렇지 않거든요. 그래서 그런지 사회적으로도 저평가된 부분이 있는 것 같아요. 그래서 그 가치나 아름다움을 알리기 위해 토기도 많이 선보이고 있죠.

고려방의 미술품들은 대체로 어떤 분들이 찾고, 또 어떤 곳에서 들여오나요?

크게 두 가지 경우가 있는 것 같아요. 개인적으로 수집을 하시는 분이 있고, 박물관에서 일하면서 관련 전시를 준비하는 분들로 나눠져요. 필요에 따라 다양한 방법으로 물건을 들여와요. 경매에서 구입하기도 하고, 다른 갤러리 혹은 저희 손님을 통해서 역으로 매입하기도 하죠. 그런데 아무래도 고미술품은 더 이상 새로 만들어지지 않기 때문에 제한적인 부분이 많아요. 한정된 수량 안에서 거래해야 하니까요. 좋은 작품을 만나려면 운이 필요한 것 같아요.

좋은 작품의 기준은 무엇인가요?

여러 가지 기준이 있어요. 역사적으로, 혹은 학술적으로 가치가 있으면서도 미적으로도 아름다운가가 중요합니다. 가격의 측면에서 본다면 대중적인 인지도가 높은 작품이 좋은 작품이라고 말할 수도 있을 거예요. 이를테면 달항아리 같은 것은 찾는 사람들이 많으니 그만큼 가격도 올라가는 거죠. 고미술품 갤러리를 운영하는 입장에서는 그런 부분을 배제하기는 어려워요. 백자를 찾으시는 분들이 워낙 많기 때문에 백자를 많이 다루게 되는 경향이 있기도 하고요.

16세기에 만들어진 백자 호. 흐르는 듯한 곡선이 돋보인다.

옛 설화 속에 등장하는 요괴를 모티브로 작업하는 하명구 작가의 작품.

김경우 대표의 사무실 공간 뒤편에
자리한 토기들.

고미술 분야 전반에 대한 대중의 인식은 어떠하다고 생각하시나요?

젊은 분들은 고미술품에 대해 박물관에서만 보는 것으로 생각하는 분들도 많이 계신 것 같아요. 점점 잊히는 것 같아서 안타깝죠. 그런데 관심을 두고 한 번 들여다보시면 독특하면서 낯설지는 않고 왠지 정감이 가는 부분 때문에 빠지게 되리라 믿어요. 생각해보면, 지금 세대에게 고미술품인 거지 당시에는 현대미술이었을 거잖아요. 당시 가장 유행하던 것들, 혹은 당시에만 할 수 있는 이야기들이 다 담겨있다고 할 수 있어요. 우리의 문화적인 DNA가 어떻게 변화했는지 엿볼 수 있는 귀중한 자료이기도 하고요. 그런 부분을 잘 보여주되 현대적인 터치를 가미해서 멋지게 보여주고 싶다는 생각을 많이 해요.

실제로 그런 노력을 활발히 하고 계신 것으로 알고 있어요.

전시의 형태로 다양한 것들을 시도해보려고 노력 중이에요. 주로 현대 작가들의 작품에 어울리는 고미술품을 함께 보여주는 경우가 많아요. 2021 공예 트렌드 페어와 슈페리어 갤러리 기획전 '끝나지 않는 이야기'의 사례가 그랬죠. 특히 '끝나지 않는 이야기' 전시에서는 현대 도예 작가 7인의 작품에 고려방의 골동품들이 자연스레 어우러질 수 있도록 했습니다. 올해는 바디프랜드의 '헬로 아트' 프로젝트에 참여했는데요. '인생만세'라는 주제로 네 분의 현대 공예 작가들과 함께 과거와 현재, 미래를 연결하는 전시를 선보였습니다.

진행해보고 싶은 전시가 있다면요?

소재별로 모은다면 짚으로 만든 공예품만 소개를 할 수도 있겠고요. 현대적인 것과 접목하자면 신발을 수집하는 분들도 많잖아요. 멋진 신발 가게처럼 세팅하고 '이것이 한국의 옛 신발이다', 보여주면서 짚신들을 모아 소개해도 재미있을 것 같아요. 아버지께서는 마구를 또 모으시거든요. 안장과 같이 말에 관련된 도구 혹은 공예품만 모아도 신선한 기획이 되지 않을까 싶습니다. 하고 싶은 건 많은데 하나씩 차근차근 시도해보려고요.

고미술품을 알리기 위해서 또 어떤 노력이 이루어지면 좋을까요?

다양한 매체를 통해 지속적으로 보여지는 게 우선 중요할 것 같아요. 이를테면 잡지 화보 현장에 몇 번 저희가 소장한 도자기를 협찬해드린 적이 있었어요. 그런 식으로 보다 많은 분들이 보다 많은 곳에서 고미술품을 접할 수 있도록 하는 거죠. 익숙하게 만드는 거예요. 저희도 노력하겠지만 많은 크리에이터들이 고미술품을 어렵게만 보지 않고 자주 사용해주면 좋겠습니다. (웃음)

지금까지 접해온 무수히 많은 작품 중에 가장 기억에 남는 것을 한 가지 꼽는다면 어떤 것이 있을까요?

작품이라고 할 수 있을지 모르겠지만 저는 '앙부일구'를 꼽고 싶어요. 조선시대에 사용하던 해시계인데, 지금 봐도 너무나 아름답더라고요. 모양새도 아름답고, 공예적인 요소도 충분하고, 역사성도 있고요. 게다가 특정한 한 사람만을 위한 물건이 아니잖아요. 한자를 모르는 백성들도 시간을 알 수 있도록 동물을 그려 넣었다는 기록도 있다고 하더라고요. 앙부일구를 공예품이라고 부를 수 있다면, 많은 사람을 위한 공예품이라는 점에서 의미가 깊은 것 같아요.

이번에는 현대로 넘어와서, 특별히 눈여겨보고 있는 작가도 있나요?

하명구 작가라고 있어요. 도예를 하시는 분인데, 우리나라 설화를 바탕으로 도깨비 같은 요괴를 만들어요. 마치 게임 캐릭터처럼 요괴 하나하나마다 다른 이야기를 가지고 있죠. 개인적으로도 좋아하는 작가지만, 저희 고려방이 추구하는 결과도 맞다고 느껴요. 고려방은 과거의 물건을 다루면서 현재를 이야기할 수 있기를 바라거든요. 하명구 작가도 옛이야기를 통해 현재를 말하고 있는 거라고 생각해요.

대표님의 삶에 있어 도자기와 같은 공예품, 혹은 고미술품이 의미하는 바는 무엇인가요?

고미술품 혹은 공예품이라고 하면 어렵게 생각하시는 분들이 많아요. 그런데 주위를 둘러보면 공예품이라고 할 수 있는 것이 꽤 많거든요. 미술에 다양한 분야가 있지만 그 경계가 점차 흐려지는 때가 오고 있는 것 같아요. 도자기를 오브제로 전시하기도 했다가, 꽃을 꽂아 두기도 했다가 어쩌면 더 적극적으로 쌀이나 장을 담아둘 수도 있겠죠. 그런 행위 모두가 일상에 영감을 줄 수 있을 거라고 생각해요. 저는 그래서 그저 곁에 있는 물건 중 하나로 바라보려고 해요. 삶에 필수불가결한 요소로요.

과거와 현재를 잇는 사람으로서 대표님의 역할이 더욱 중요해지리라 보는데요. 앞으로 어떤 계획을 갖고 계신가요?

과거의 것들을 현재와 어울리게 정말 멋지게 보여주고 싶어요. 저의 노력을 통해서 많은 분의 삶에 공예가 깊숙이 스며들었으면 좋겠습니다. 더 나아가서 우리의 물건들을 해외에도 잘 알릴 수 있기를 바라고 있어요.

생각해보면, 지금 세대에게 고미술품인 거지 당시에는 현대미술이었을 거잖아요.
당시 가장 유행하던 것들, 혹은 당시에만 할 수 있는 이야기들이 다 담겨있다고 할 수 있어요.
우리의 문화적인 DNA가 어떻게 변화했는지 엿볼 수 있는 귀중한 자료이기도 하고요.
그런 부분을 잘 보여주되 현대적인 터치를 가미해서 멋지게 보여주고 싶다는 생각을 많이 해요.

좋은 차와 다구로 나를 돌보는 일

델픽, 유수진 대표

종로구 안국동, 깊숙한 골목길에 위치한 델픽은 국내 프리미엄 티를 소개하는 브랜드다. '델픽'이란 고대 그리스인들이 고민의 시간을 마주할 때마다 찾아간 신전의 이름. 과거 사람들이 신의 메시지를 통해 문제를 해결해 나갔듯, 델픽 또한 차 한 잔에 마음을 내려놓고 삶 속의 균형을 찾길 바란다. 그 과정에는 유수진 대표가 엄선하여 소개하는 티웨어가 빠지지 않는데, 국내 유수의 작가들과 활발하게 협업하며 남다른 감각의 티웨어를 선보이고 있다.

유수진
프리미엄 티 브랜드 델픽과 안국동의 전시 공간 뮤지엄헤드를 운영하고 있다. 좋은 차와 다구를 함께 소개하고, 이에 더해 전시의 형태로 더욱 다채로운 경험을 선사하고자 한다.
@delphic_official

델픽의 플래그십 스토어가 대표님께서 어릴 적 살던 집을 개조한 것이라고요.

안국은 서울의 문화 일번지라고 볼 수 있죠. 저는 이곳에서 나고 자라면서 문화적 혜택을 많이 누렸어요. 덕분인지 자연스레 미술을 전공하게 되었고, 다양한 전시 공간을 경험하며 이러한 공간을 직접 운영해보고 싶다고 생각했죠. 막연한 꿈을 가지고 영국 유학을 떠났는데, 그곳에서 차의 매력에 빠지게 됐어요. 전시 공간을 꾸릴 거라면 차가 매개체가 될 수 있겠다 싶었고요. 그렇게 저에게 영감을 심어준 곳으로 다시 돌아와 1층은 전시 공간으로, 2층은 티를 마시고 경험하는 공간으로 꾸민 거예요.

차에 관심을 가지게 된 계기는 무엇인가요?

차에 대한 최초의 기억은 어린 시절 할아버지를 따라 찻집을 갔던 기억입니다. 그곳에서 할아버지를 따라 차를 깊이 음미해보곤 했죠. 을씨년스럽고 뼛속 시린 영국 날씨와 같은 유학 시절, 저를 지탱해준 것은 그 찻집에서 할아버지와 보낸 시간, 그리고 따뜻한 차 한 잔이었어요. 외로울 때면 언제나 차 생각이 났고, 그럴 때마다 차는 저에게 위로가 되어줬어요. 그런 경험을 다른 분들도 느껴 보시면 좋겠다는 생각이 들었고, 고루하다고 인식되는 차를 새롭게 전달하고 싶은 욕심도 있었습니다. 재미있고 완성도 있는 브랜딩을 해보고 싶은 생각도 있었고요.

델픽을 대표하는 티에 대해 소개해주세요.

쇼룸 앞마당에 오래된 모과나무가 있어요. 그것에 영감을 받아 모과 향이 첨가된 티를 만들었는데, 바로 '케이티디드 Katy Did'예요. '베짱이'라는 뜻으로, 모과나무 아래의 나른한 한때가 떠오르도록 했죠. '샹그릴라 Shangri-la'는 제임스 힐턴 James Hilton의 소설 <잃어버린 지평선, (1933)>에 등장하는 가상의 지상낙원 이름을 따온 차예요. 영원히 늙지 않고 젊음을 누릴 수 있는 곳으로, 깊은 숲속의 이미지를 그리며 레몬그라스, 레몬 버베나, 펜넬, 바질 등의 순수한 허브 원료만을 배합했죠. 대중의 사랑을 받기는 힘들 거라고 생각했는데, 의외로 많은 분이 사랑해 주셔서 기쁜 마음이에요.

델픽에서는 차뿐만 아니라 다양한 티웨어까지 함께 만나볼 수 있습니다. 티웨어를 다뤄야겠다고 생각한 이유는 무엇인가요?

차를 마시는 것은 섬세한 감성과 예술적 감각을 깨우는 행위라고 생각해요. 차에 관심을 갖기 시작하면 그 경험을 더욱 확장해줄 수 있는 티웨어에도 관심을 갖게 되기 마련이죠. 그래서 델픽은 단순히 높은 품질의 차를 소개하는 것에 그치지 않고, 티웨어를 통해 더욱 다양한 아름다움의 가치를 전달하기 위해 힘쓰고 있어요. 그 과정에서 동시대를 살아가는 예술가들을 지지하는 마음으로 국내 유수의 작가들과 협업하며 다양한 티웨어를 선보이고 있습니다.

대표적으로 어떤 작가들의 티웨어를 만나볼 수 있나요?

델픽에서 시그니처 티를 주문하면 기본적으로 제공되는 티웨어 세트가 있어요. 박성욱 작가의 다관과 양이잔, 트레이인데요. 이 세트는 런던의 V&A 뮤지엄에 소장되어 있기도 합니다. 가격대가 높은 편이지만 상대적으로 투박하면서도 멋스러운 아름다움에 반해 델픽을 대표하는 기물 중 하나로 채택하게 되었어요. 아이스로 드실 때는 윤태성 작가와 협업해 만든 버블 유리잔과 유리 숙우에 차를 제공해 드리는데요. 유리라는 소재가 음료를 더욱 시원하고 아름답게 보이도록 만들어주는 것 같아요.

프리미엄 티를 주문했을 때는 또 다른 기물을 사용한다고요.

블랙 버전의 검정 개완과 스트레이너, 잔은 최민록 작가와 델픽이 협업하여 만든 기물이에요. 오픈 전부터 작가님 작업실을 여러 번 오가며 델픽에서 디자인을 제안하고 샘플링만 수개월에 걸쳐 작업했죠. 그만큼 공이 많이 들어가고 정이 많이 가는 작업입니다.

티웨어를 선정하는 기준은 무엇인지 궁금합니다.

티웨어는 생활에 꼭 필요한 물품이 아니고, 비용 또한 일상적으로 사용하기에 다소 부담스러운 수준인 경우가 있어요. 그렇기 때문에 하나를 구매하더라도 만족하실 수 있도록 완성도가 높으면서 특별한 느낌을 주는 티웨어를 선별하고자 노력하고 있죠. 개인적으로 너무 반듯한 백자보다는 분청이나 손맛이 나는 작업을 좋아하는데요. 동일한 작가의 작품으로 세트를 이뤄 구성하는 것보다, 그날의 기분에 따라 각기 다른 티웨어를 어우러지도록 구성하는 것을 선호하기에 다양한 개성의 티웨어를 고루 다루고자 합니다.

차의 종류에 따라 그에 어울리는 티웨어를 고르는 대표님만의 노하우가 있다면 무엇인가요?

차의 색깔을 고려해서 선택해요. 일반적으로 백차나 녹차는 백자를 사용하고, 청차나 흑차는 중국에서 주로 생산되며 짙은 갈색을 띠는 게 특징인 자사호를 사용하죠. 그렇지만 우리나라 고유의 분청도 잘 어울린다고 생각합니다.

개인적으로 가장 좋아하는 티와 티웨어의 조합이 있다면요?

차를 좋아하는 만큼 다양한 종류를 가리지 않고 마시는 편인데요. 최근에는 편안한 녹차류를 많이 마시고, 티웨어는 개완을 자주 사용하고 있어요. 개완은 입구가 넓고 비교적 납작하며 뚜껑이 있는 찻잔처럼 보이는 것이 특징인데요. 사용법만 잘 익히면 오히려 일반 주전자 모양의 티웨어보다 사용하기가 쉽고, 더욱 다양한 차를 우려 마실 수 있답니다. 또한 세척이 용이하다는 장점도 있죠.

차에 입문하려는 사람에게 추천하는 티웨어가 있나요?

유리 숙우, 그리고 작은 분청 잔 정도면 일인 다구로 충분하지 않을까 싶어요. 최근에는 제가 구성한 델픽의 에센셜 티키트가 출시되었는데, 많은 분들이 좋아해 주셔서 뿌듯한 마음입니다. 정가로이 작가님의 백자 잔과 최성우 작가님의 옻칠 차시, 무자기 스튜디오의 다하, 강화도 소창으로 만든 다건, 크리스털 숙우와 백자 개완 등이 나무 다구함에 함께 담기는데요. 델픽이 셀렉한 필수적이면서도 아름다운 기물들이 입문자에게도, 일상적으로 편하게 쓸 다구를 찾는 분들에게도 잘 어울린다고 생각합니다.

그동안 다양한 작가들의 티웨어와 공예품을 접해 오셨는데요. 가장 기억에 남는 작업과 그 이유는 무엇인가요?

현재 가장 활발하게 활동하는 작가 중 한 분인 임소담 작가와 전시를 진행한 적이 있어요. 평면 작업을 하시다가 최근 세라믹 작업을 하고 계시는데, 작업이 흥미로우면서도 델픽과도 잘 어울릴 것 같다는 생각이 들었죠. 장식장 속 티 세트에 대한 기억과 상상이 꿈으로 연결된다는 콘셉트였는데, 다양한 세라믹 작업과 더불어 신작도 많이 준비해 주셔서 다채로운 전시를 열 수 있었어요. 기본적으로 작업에 대한 믿음이 있었고 작가님께서도 매우 적극적으로 참여해 주셨기 때문에 진행이 수월했습니다. 전시에서 선보였던 작품 중 일부는 델픽에서도 판매하고 있는데요. 임소담 작가만의 투박한 질감과 터치가 매력적이면서도 위트가 느껴져 반응이 좋은 편이죠.

델픽 쇼룸 중심부에 놓인 테이블과 그 위를 수놓은 다구들.

델픽의 시그니처 티는 박성욱 작가의 다관과 양이잔, 트레이에 담겨 나온다.

차를 마시는 것은 섬세한 감성과 예술적 감각을 깨우는 행위라고 생각해요. 차에 관심을 갖기 시작하면 그 경험을 더욱 확장해줄 수 있는 티웨어에도 관심을 갖게 되기 마련이죠. 그래서 델픽은 단순히 높은 품질의 차를 소개하는 것에 그치지 않고, 티웨어를 통해 더욱 다양한 아름다움의 가치를 전달하기 위해 힘쓰고 있어요

차갑게 마실 때 준비되는 윤대성 작가의 버블 유리잔과 유리 숙우.

차와 함께하는 삶에 있어 좋은 티웨어가 필요한 이유는 무엇이라고 생각하나요?

티와 티웨어는 우리 삶에 있어 마치 단정한 이너웨어, 혹은 이불과 같은 역할을 한다고 생각해요. 촉감이 좋은 이불을 덮으면 그 자체만으로도 편안해지고, 심리적인 안정감을 느낄 수 있잖아요. 차도 그런 역할을 하는 것 같아요. 좋은 차, 그리고 티웨어로 나를 위하는 시간을 갖는다면 삶을 살아감에 있어 좋은 에너지와 힘을 얻을 수 있다고 생각합니다.

좋은 차와 티웨어를 소개하고 제안함에 있어 앞으로의 목표가 있다면 무엇인가요?

델픽을 론칭한 지 이제 만으로 2년 정도가 되어가요. 지금까지는 쇼룸과 전시 공간의 시너지가 긍정적인 작용을 하고, 그로 인해 많은 분이 찾아 주신 게 아닐까 싶은데요. 앞으로 더욱 좋은 차와 티웨어를 소개함으로써 시간이 지나도 믿음을 가지고 구매할 수 있는 브랜드가 되었으면 좋겠어요. 나아가서는 해외에도 우리 작가들을 소개할 수 있는 브랜드가 되었으면 합니다.

Diary

장면을 만드는 또 다른 일

Making Scene

Words by Melmel Chung

'텍스처 숍 Texture Shop'은 스튜디오 텍스처 온 텍스처를 준비하며 가장 먼저 염두에 둔 활동이다. 부업副業이 클라이언트 잡 사이사이의 환기가 될 수 있을 거라 생각했고, 스튜디오 초창기의 불안정한 수익에 작게나마 보탬이 될 것이라는 기대도 있었다. 상점을 떠올린 이유는 나의 이전 직업과 관계가 있다고 볼 수 있다. 온라인 셀렉트 숍의 웹 디자이너였기 때문에 물건을 사고파는 일이 흥미로우면서도 익숙했다. 또 다른 상공간에 비해 작업실 공간을 일부 나눠 작게 시작하기도 용이할 것이라는 현실적인 이유도 있었다. 무엇보다 빈티지 물건에 늘 관심이 있었기에 가능한 일이었다. 학창 시절부터 국내, 외 빈티지 마켓을 자주 드나들었던 것도 영향을 주었다.

오랫동안 쓰고 매만져서 길이 든 흔적이 깃든 아름다운 물건들을 어떤 식으로 구분할지 생각이 많았다. 흔하게 구분하기 보기보다는 차별점을 가져가고 싶었다. 작은 규모이니까 부담 없이 이런저런 실험을 해볼 여지가 많았고, 콘셉트가 확실할수록 재미있게 운영해 볼 수 있을 것 같았다. 갈래를 정하니 숍의 이름도 직관적으로 지을 수 있었다. 본업을 뒷받침하기 위해 구상한 숍이었지만, 오히려 숍의 정체성과 이름을 정하고 나니 스튜디오 이름까지 쉽게 지어졌다. 우리가 다룰 공예품들을 살펴보았을 때 나무, 금속, 흙으로 만들어진 물건이 많았기 때문에 세 가지의 재질로 시작했다. 2022년 7월부터는 '유리' 재질을 추가했다.

상품을 소개할 때의 가장 큰 원칙은, 일단 보기에 아름다워야 구매자를 설득할 수 있다고 생각하므로 형태와 색을 면밀히 살피는 일이 우선이다. ' 아름답다'라는 기준은 모두에게 다를 텐데, 우리는 어떤 공간과도 조화를 이룰 수 있는 부드럽고 담백한 생김새의 물건들을 선호해 주로 소개한다. 상태가 좋아야 함은 물론이다. 고백컨대, 숍을 운영하기 전의 나는 홀쩍 잘 반하는 편인데다가 성격도 급해 뭔가를 사는데 딱히 신중함을 기하지 않는 편이었다. 그런 소비가 몇 번 이어지면 공간에는 각자 존재감을 뽐낼 뿐 서로 어울리지 않는 물건들로 채워졌다. 사고 나서 금세 질린 물건들로 채워진 방이나 사무실 책상을 보고 있자면 성급함과 무책임함이 박제된 박물관처럼 느껴졌다. '물건의 미래를 상상하며 가져와 잘 다듬어 배웅' 하는 과정을 통해 무언가를 판매한다는 것은 이렇게 많은 정성을 들이는 일이구나 싶어 내가 산 물건들, 그리고 그 물건들이 거쳐온 길을 떠올려보곤 한다. 또 사물 하나하나를 조심스럽고 꼼꼼하게 살펴보며 의식을 치르듯 본인의 공간으로 가져가시는 구매자분들을 보며 스스로가 어떤 마음가짐으로 물건을 들이는지 새롭게 생각해 보곤 한다.

빈티지 물건이 대다수이지만 새 제품을 판매하기도 한다. 처음으로 판매한 여러 물건들 중에 기억이 남는 것은 100년 이상 이어온 제조사의 황동 연필깎이. 독일에서 낡은 연필깎이를 우연히 발견했고 알아보니 새 제품으로도 구할 수 있는 제품이었다. 작으면서도 견고한 느낌이 마음에 들었다. 개인적으로 텍스처 숍에서 종종 판매하는 도자기 향로를 좋아한다. 이젠 정말 다양한 디자인의 인센스 홀더가 많은데 우리는 주로 아주 전통적인 형태의 향로를 판매하기 때문이다. '향을 피우는 자그마한 화로'라는 이름에 걸맞게 둥글고, 굽이 있으며, 덮개가 있는 작고 의젓한 향로들을 보면 기분이 좋다. 화병이나 잔처럼 보편적으로 인기가 있진 않지만 가끔 판매가 되면 운치를 아시는 분이구나, 생각하게 된다. 군더더기가 없으면서 여러 용도로 다양하게 열려있는 물건들. 종종 숍에 있으면 "이건 어디에 쓰이는 물건인가요?"라는 질문을 받는데, 대체로 느슨하게 대답한다. 우리가 판매하는 긴 호리병이 어딘가에서 화병으로 혹은 술병으로 쓰이길 원한다. 또 작은 은쟁반이 찻잔의 받침으로도 반지나 팔찌의 작은 안식처로도 쓰였으면 한다.

물건이 자신의 공간과 어울릴지를 상상하는 일에 대해 '작은 의식'을 행한다. 의식이라고 하니 거창해 보이는데, 특별한 것은 아니다. 이전에는 그때그때 마음에 드는 사물들을 즉흥적으로 들여왔다면 요즘에는 이 물건을 내가 언제까지 즐길 수 있을지, 취향이나 관심사가 조금 바뀐다고 해도 품을 수 있을지를 조금 더 신중하게 생각해 본다. 이 물건과 함께할 저 너머를 상상해 보는

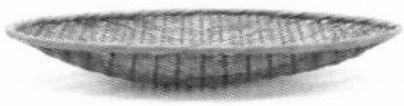

것이다. 그런 과정을 거치다 보면 스스로가 어떤 흔들리지 않는 기호를 가지고 있는지 파악하게 되는 것 같다. 물건을 진열하고 판매하는 것은 우리지만 차합이나 찻잔을 사러 오시는 손님 중엔 다도에 대해 정통하게 알고 계시는 분이 있고, 화병을 사러 오시는 손님 중에는 꽃에 대해 해박한 지식을 가지고 계신 분도 있다. 그럴 때 상점은 배움의 장소로 변한다. 단편적으로는 자잘한 사용 방법이나 에피소드에서부터 깊게는 한 물건의 세계관 같은 것도 새롭게 알게 된다. 어머니, 혹은 아버지와 함께 방문하는 20대 초반의 손님들도 좋아한다. 우리 숍이 아주 다양한 연령대를 끌어안을 수 있다는 것을 말해주는 듯해서 의미가 있다. 나는 부모님과 함께 사적인 취향을 공유하거나 비교하며 쇼핑을 해본 적이 있나, 돌이켜 보게 된다

상점과 스튜디오가 상반된 성격으로 각자 움직이는 경제활동이라 여겨 왔고, 실제로 그랬다. 2019년 «변화구성 varying texture» 전시에서는 철저히 별개이던 두 가지 활동 혹은 노동을 처음으로 결합해 볼 수 있었다. 이 전시에서는 상점의 정물들이 텍스처 온 텍스처의 주요한 피사체가 되고, 전시를 위한 오브제가 되었으며 동시에 판매품이 되기도 했다. 그간 우리가 해왔던 모든 작업, 즉 '기획 – 촬영 – 인화 – 수집 – 구성 – 판매' 가 변화 구성되어 관람객이자 고객을 맞이했는데 굉장히 낯선 종류의 쾌감이 있었다. 상점 운영이나 글쓰기는 늘 하고 있는 기존 업무인 사진 촬영과 동떨어져 있는 활동이고, 때로는 적지 않은 부담감도 있다. 그렇지만 스스로가 늘 같은 방식으로 돌아가는 구성품처럼 여겨질 때 내부의 압력을 줄여주는 작은 구멍 같은 역할을 해주기도 한다. 꼭 카메라 뒤에서만 장면을 만들어 낼 수 있는 건 아니다. 지금처럼 공간으로, 사물로, 언어로 다양한 방식의 시도를 해보고 싶다.

정멜멜
사진가 정멜멜은 동료들과 다양한 규모의 국내외 브랜드와 매체, 그리고 작가, 디자이너와 함께 사진 관련 프로젝트들을 진행하는 스튜디오 텍스처 온 텍스처 texture on texture를 운영하고 있다. 공간을 이루고 있는 인물과 사물, 그 자리에 감도는 분위기나 여백을 포착하는 것에 관심이 많다. 저서로는 『다만 빛과 그림자가 그곳에 있었고』가 있다.
www.textureontexture.kr

자기, 시대의 기호가 되다

The New Era

Sèvres, Sugar bowl (1767) ©MET

Word by Solhee Yoon

글을 쓰기에 앞서 유서 깊은 자기 브랜드에는 어떤 것들이 있는지 떠올려봤다. 어릴 적 엄마의 찬장에서 본 로얄 알버트 Royal Albert 커피잔 세트, 첫 유럽 배낭 여행에서 고이 모셔온 이딸라 Iittala 머그컵, 친구의 혼수였던 빌레로이앤보흐 Villeroy & Boch 컬렉션이 머릿속을 스친다. 대략 셈해도 이들이 살아온 세월 하나하나가 100년이 너끈하다. 온 가족이 모이는 명절이면 식탁 위에 등장하는 한국도자기 홈식기 세트도 빠질 수 없다. 도대체 자기란 무엇이길래 이토록 살갑고도 위대한가. 한 브랜드가 100년이란 수명을 갖게 된 데에 한 가지 요인만 작용했을 리 없다. 대신 핵심은 동일하다. 그 브랜드의 그 자기를 찾는 고객이 어느 시대에나 그곳에 있었다는 것. 그러니 이것을 품에 들었던 이들의 면면을 추적하면 수많은 요인 중 몇 가지에 다가갈 수 있을 테다.

자료를 조사하는 동안 환상에 종종 빠졌는데 예컨대 이런 식이다. '로얄 알버트'란 이름에서 영국의 한적한 작은 마을 안 오후 햇살로 물든 정원에서의 티타임을, '아리타야키 Aritayaki'란 이름에서 일본의 전통 목조 건축물 속에서 오색 빛깔 접시를 고르는 꿈을 꿨다. 장면은 얼마든지 더 디테일해질 수 있었다. 주위를 에워싼 가구의 스타일, 그 자기를 다루는 이의 옷차림, 주변 골목 풍경까지 술술 그려진다. 작다면 작은 찻잔 하나, 접시 하나, 화병 하나에 생산지의 의식주 문화가 고스란히 녹아 있는 덕분이다. 중국의 청화자기를 접한 후로 영국의 식문화와 인테리어 양식이 변했다는 이야기는 바람 든 과장이 아니다.

특히 1700년대 유럽에서는 자기가 권력의 증표이자 나라의 상징이었다. 보기 드물고 희소한 까닭에 좋은 품질의 자기는 언제나 부유한 상인, 귀족, 왕실의 몫으로 돌아갔다. 지금 우리의 위시 아이템 목록에 있는 자기 브랜드 중 대부분이 한때 왕실 전용 컬렉션을 발표했다는 점이 이를 증명한다. 덴마크인의 자부심 로얄코펜하겐 Royal Copenhagen부터 보자. 국민의 삶의 질을 높이고 국력을 키우는 방도로 1775년 줄리안 마리 여왕이 덴마크 왕립 자기 공장을 설립한 것이 시초이다. 그는 모든 자기에 왕관과 코발트 블루 색의 물결무늬 마크를 넣도록 했다. 물결무늬는 덴마크의 세 해협인 외레순 해협, 대벨트 해협, 소벨트 해협을 상징한다. 이로써 로얄코펜하겐이 덴마크의 유구한 자산임을 공표하려고 한 것이다. 한편, '가장 영국적인 도자기'라고 불리는 로얄 알버트는 개인기업이 왕실 공식 조달업체로 승인받으며 사명에 '로얄'을 넣은 케이스다.

Royal Copenhagen, Plate (1780) ©V&A

Royal Copenhagen, Figure (1780) ©V&A

Royal Albert, Old Country Rose Collection (1962) ©Royal Albert

Herend, Coffee Cup and Saucer (1860) ©V&A

Meissen, Swan candelabrum (1750) ©MET

Meissen, Chocolate cup and sauce (1730) ©Smithsonian

1896년 알버트 워크 Albert Works를 설립한 이듬해에 빅토리아 여왕의 다이아몬드 주빌리를 축하하는 왕실 기념품을 제작했다가 그 품질이 좋아 왕실의 인정을 받은 것. 오늘날 이들의 황실장미 Old Country Rose 컬렉션은 영국 파인 티웨어의 아이콘으로 여겨진다. 영국 왕실의 관심으로 자란 브랜드는 또 있다. 헝가리의 헤렌드 Herend다. 1851년 런던 만국박람회에서 소개한 테이블웨어가 빅토리아 여왕의 눈에 띈 다음부터 헤렌드는 동유럽 최고의 가마로 위상이 높아졌다. 작고 예리한 칼로 섬세하게 도려내는 투각법, 한 땀 한 땀 장인이 새겨 넣는 화려한 그림이 이들의 특징이다. 빌레로이앤보흐는 어떤가. 1748년 설립 이래로 신성로마제국의 마리아 테레지아 황후의 승인을 득해 룩셈부르크 지방에 제조소를 설립하며 본격적인 성장 가도를 열었다. 특히 독특한 색감과 문양을 구현해 내는 기술이 우수해 빌레로이앤보흐는 1912년 지상 최대의 호화로움 그 자체였던 타이타닉호 실내 바닥 타일을 제작하기도 했다. 독일의 마이센 Meissen도 이 대목에서 빠질 수 없다. 아시아 도자기 수집광이었던 독일 제후 아우구스투스가 젊은 연금술사 요한 프리드리히 뵈트거에게 도자기 제조법 연구를 부탁해 만든 것이 마이센의 출발이기 때문이다. 1708년 뵈트거는 수만 번 실험과 실패를 거듭한 끝에 유럽형 자기를 최초로 제작했다. 마이센의 모든 제품에 새겨진 두 개의 검이 교차하고 있는 로고는 탄생지인 색소니 지역의 문장에서 왔다. 바로 옆 프랑스를 보라. 자국 도자기를 개발해 의기양양한 아우구스투스를 질투한 루이 15세와 퐁파두르 부인은 1740년 국립도자제작소를 설립해버렸다. 여전히 명맥을 유지하고 있는 이곳의 생산품은 세브르 Sèvres 자기로 불리며 국빈이나 귀빈을 위한 선물로 건네진다고 한다.

자기가 이런 힘을 유지할 수 있었던 건 자국의 과학과 미학의 수준을 상징적으로 드러낼 수 있는 대상이었기 때문이다. 이러한 특성은 산업화 이후 대량 생산 설비를 갖출 수 있는 여건과 만나 더욱 쟁쟁한 경쟁구도를 만든다. 달리 표현하면 자기는 당대 도예가와 디자이너들의 실험 무대나 다름없었다. 예를 들어 마이센은 1730년대 아우구스투스의 주문에 따라 사자 같은 실물 크기의 동물 조각품을 만들며 자기의 새로운 지평을 열었고, 그리스 신화를 표현한 '스완' 컬렉션을 발표해 독일 바로크 예술의 걸작이라는 평을 받았다. 물론 그간 쌓은 기술력과 현대적인 디자인을 결합하는 시도는 여전히 현재진행형이다. 1960년 영국에서 탄생한 포트메리온 Portmeirion의 자기 디자이너

수잔 윌리엄 엘리스는 한 컬렉션 내에 동일한 패턴만을 고수하는 당대 트렌드를 깬 인물로 인정받는다. 포트메리온의 시그니처인 보타닉 가든 컬렉션 역시 그의 작품. 식물 삽화집에서 영감을 받아 식물원을 모티브로 가장자리 잎사귀는 동일하게, 중앙의 스케치를 달리해 풍성함을 더했다. 핀란드 자기 디자이너 비르네 카이피아니넨은 이딸라를 통해 생동감 넘치는 레이아웃, 과감한 색채 표현을 보여줘 '장식가의 왕'이란 애칭을 얻었다. 1735년 이탈리아 자기 시대를 연 지노리1735 Ginori 1735는 1913년 구찌와의 인수합병을 통해 크리에이티브 디렉터 알렉산더 미켈레와 손을 잡으며 대중의 주목을 끄는 데에 성공했다. 아예 1966 / 아리타 재팬처럼 시대의 명성을 기반으로 새 브랜드가 등장하는 사례도 있다. '400년 동안 산 하나를 도자기로 바꿨다'고 말하는 일본의 도자기 도시 아리타 장인들과 현대 디자이너가 함께 선보이는 자기 브랜드로, 크리에이티브 디렉터 야나기하라 테루히로를 앞장 세운 종합상사 모모타 도원이 전개하고 있다. 광복을 앞둔 우리나라에도 1942년 설립한 국내 최초의 도자기 기업 행남자기와 1943년 설립한 한국도자기가 등장했다. 근대화 흐름에 따라 식문화가 바뀌면서 식기류에도 변화가 찾아든 것이다.

자기 브랜드 이름만 읊었는데 여러 나라를 순방한 기분 아닌가. 이러니 그저 아름다움만으로 그 역할을 한정하기에는 저마다의 이야기가 장구하다. 자기를 가지면 그 시대가 온다는 말이 있다고 한다. 그러니 그것이 어떤 역사를 만들고, 어떤 지평을 열었는지를 한 번 더듬어 보시길 권한다. 테이블이 한층 더 깊고 넓은 이야기로 채워질 것이다.

윤솔희
건축학을 전공했다. 건축 전문 잡지 <공간>에서 기자로 일했고 현재 프리랜서 에디터로 건축, 공예, 디자인 업계를 쫓아다니며 이 시대 크리에이터의 발견과 제안을 글로 옮기고 있다. 사물로 일기를 쓰는 편이다. 첫 유럽 여행지인 핀란드 헬싱키에서 산 이딸라 잔은 보물이고 월급 모아 산 로얄 알버트 100주년 컬렉션은 자랑이다.
@solheey

Sèvres, Ice cream cooler (1804) ©MET

Portmeirion, Botanic Garden ©Portmeirion

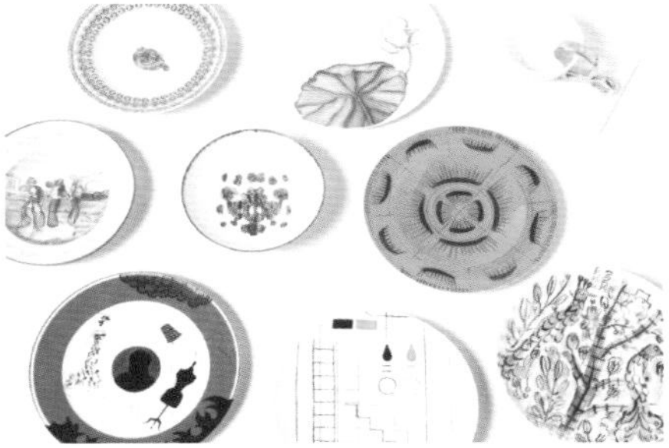

Ginori 1735, Ginori Arte Reborn Project ©GINORI1735

1616 / arita Japan, 1616 / PC "Outline"
©1616 / arita Japan

행남자기 1965 ©e영상역사관

A PASSION FOR BLUE

로얄코펜하겐의 블루

'EVERYDAY LUXURY 일상에 럭셔리를 담다'라는 브랜드 슬로건 아래,
명품의 예술적 가치를 일상에 전하는 247년 전통의 덴마크 왕실 도자기 브랜드,
로얄코펜하겐 ROYAL COPENHAGEN의 연대기.

Words Assistant Editor Sumin Ha   Support ROYAL COPENHAGEN KOREA

1700s

로얄코펜하겐 역사의 시작은 1775년으로 거슬러 올라갑니다. 천연연료를 사용해 자기를 제작해온 화학자 프란츠 하인리히 뮐러 Frantz Heinrich Müller가 덴마크 왕실 줄리아 마리 여왕 Queen Dowager Julian Marie의 후원으로 최초의 공장인 덴마크 왕립 자기 공장을 설립합니다. 이를 기반으로 로얄코펜하겐은 240여 년이 넘는 긴 역사 동안 세계 최고의 도자기 브랜드로 자리매김합니다.

1775년
블루 플레인 Blue Fluted Plain 출시
브랜드 역사를 함께 써 내려가기 시작한 로얄코펜하겐 최초의 디너웨어 라인 '블루플레인'을 출시합니다.

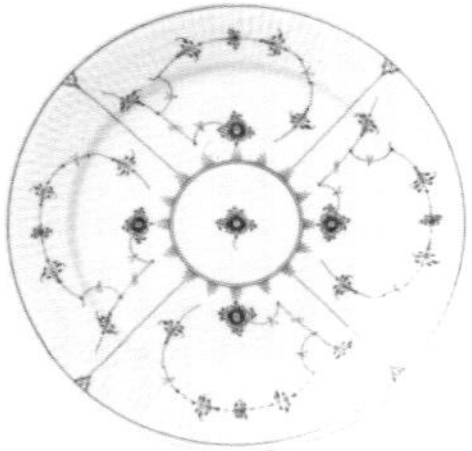

1779년
블루 플라워 Blue Fluted Flower 출시

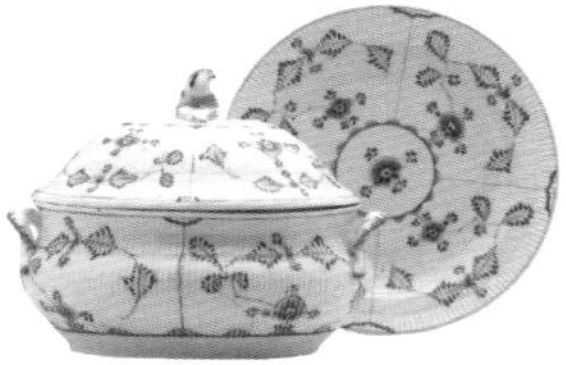

1780년
로얄코펜하겐 최초의 상점 오픈
이 시기부터 1880년대까지 로얄코펜하겐의 공장과 매장은 코펜하겐 중심부의 라운드 타워 옆에 있었습니다.

1790년
플로라 다니카 Flora Danica 출시
덴마크 왕실의 주문으로, 첫 번째 '플로라 다니카'가 등장하게 됩니다. 왕은 이것이 세계에서 본 것 중 가장 인상적인 도자기가 되길 원했기에, 요한 크리스토프 바이어 Johann Christoph Bayer 한 사람만 이 작업에 참여하도록 하였습니다. 그렇게 로얄코펜하겐 특유의 핸드페인팅이 더해진 '플로카 다니카' 라인이 출시됩니다. 이는 덴마크 왕실의 문화유산으로도 여겨집니다.

로얄코펜하겐을 대표하는 상당수 제품은 110년 만에 기용한 아트 디렉터 아놀드 크로그 Arnold Krog의 손을 거쳐 탄생했습니다. 1885년부터 1916년까지 덴마크 왕립 자기 공장의 아트 디렉터로 활동한 그는 '블루 플레인' 라인의 문양을 재구성하였고, '블루 하프 레이스' '블루 풀 레이스' 등 수백 년이 지난 지금까지도 꾸준히 사랑받는 로얄코펜하겐의 대표작을 만들었습니다.

1807년

회색빛의 블루 플루티드 Blue Fluted가 생긴 이유

영국의 덴마크 점령으로, 자기 공장도 폭격당하게 됩니다. 공장에 비축해 두었던 프랑스 고령토가 떨어지자 '블루 플루티드'는 회색빛을 띠게 되었으나, 얼마 뒤 보른홀름섬에서 고령토를 수급할 수 있게 되어 자기는 다시 흰빛을 띠게 됩니다.

1820년

페인터들의 시그니처

이 시기 '블루 플루티드' 패턴은 점점 옅어지는데, 이에 페인터들의 급여는 오르지 않은 채 더 많은 작업을 진행해야 했기 때문이라는 이야기도 전해집니다. 당시 '블루 플루티드' 페인터들은 식기 하나당 돈을 받았기에, 급여 정산을 위해 자신이 장식한 식기 뒷면에 페인터 자신만의 시그니처를 새겼다고 합니다.

1885년

블루 풀 레이스 Blue Fluted Full Lace 출시

1888년

블루 하프 레이스 Blue Fluted Half Lace와 화이트 하프 레이스 White Fluted Half Lace 출시

1800s ~ 1900s

1889년

그랑프리 수상, 세계로 확장

아놀드 크로그의 언더글레이즈가 파리 세계 박람회에서 그랑프리를 수상합니다. 이를 계기로 도자기 공장은 파리, 뉴욕, 런던에 매장을 열게 되며 세계로 나아가기 시작합니다.

1892년

독특한 물고기 비늘 문양을 지닌 시걸 Seagull 라인 출시

1911년

로얄코펜하겐의 공장과 매장 아마게토르 6번지로 이전

1923년

블루 플루티드 컵 제작

'블루 플루티드' 라인 내에서도 고객이 원하는 스타일의 식기를 선택할 수 있도록 72가지의 각기 다른 버전의 '블루 플루티드' 컵을 선보였습니다.

1950s

데니시 모던 양식 식기 출시

경제적으로 어려웠던 시기가 지나고 효율적인 라이프스타일을 지향하기 시작하며, 로얄코펜하겐은 실용적이고 미니멀한 데니시 모던 양식 식기를 출시합니다. 이 식기에는 중국 및 일본 세라믹에 대한 지식을 기반으로 한 동양의 표현 양식이 담겨있습니다.

1960s

블루 플루티드 Blue Fluted 라인 확장

아르네 야콥센 Arne Jacobsen이 디자인한 코펜하겐의 첫 고층 건물인 로얄호텔이 설립됩니다. 그는 호텔 레스토랑의 주철 자기로 그린 컬러의 '블루 플루티드'를 선택합니다.

디너웨어의 일부분으로 담배와 시가를 위한 '블루 플루티드' 파이프, 재떨이가 제작됩니다.

2000s ~

continue

1978년
프린세스 Princess 라인 출시
'블루 하프 레이스'의 가장자리에 둘러싸인 섬세한 레이스 장식을 그대로 구현하였으며, 티웨어 세트에서 디너웨어 세트로 영역을 넓혀갑니다.

1994년
한국 지사 한국로얄코펜하겐(주) 설립
해외에서만 만나볼 수 있었던 로얄코펜하겐을 한국에서 정식으로 만나볼 수 있게 되었습니다.

기존의 전통적인 디자인을 재해석하여, '블루 엘레먼츠 Blue Element', '블롬스트 Blomst', '하우 Hav' 등 다양하고 새로운 라인을 선보입니다.
이는 과거와 현재를 넘나들며 오늘날의 라이프스타일과도 잘 어우러집니다.

ROYAL COPENHAGEN
PURVEYOR TO HER MAJESTY THE QUEEN OF DENMARK

2000년
블루 플루티드 메가 Blue Fluted Mega 출시
기존 '블루 플루티드'를 대담하게 재해석한 라인으로 고전적인 블루 플레인의 문양 일부를 확대하여 디자인하였습니다.

2004년
블루 팔메테 Blue Palmette 출시
'블루 팔메테' 라인은 아시아의 식문화로부터 영감을 받아, 동양 특유의 여백의 미가 돋보입니다.

2005년
플로라 다니카 Flora Danica의 변주
덴마크 프레데릭 크리스티안 왕세자와 메리 왕세자빈의 결혼식을 기념하여 '플로라 다니카' 라인 접시에 붉은색의 딸기를 담아냈으며, 덴마크 크리스티안 왕자의 탄생을 축하하는 '플로라 다니카' 어린이용 식기 세트를 제작합니다.

2000s ~

2008년
블루 엘레먼츠 Blue Elements 출시
덴마크 디자이너 루이스 캠벨 Louis Campbell과의 협업으로 탄생하였으며, 전통적인 디자인 요소를 결합하여 현대적으로 재해석하였습니다.

2018년
블롬스트 Blomst 출시
네덜란드 아티스트 바우터 도크 Wouter Dolk와 협업하여 '블롬스트' 라인이 탄생합니다. 덴마크어로 꽃을 의미하는 '블롬스트'는 1779년 출시된 '블루 플라워' 시리즈를 재해석한 라인으로, 블루 플라워 패턴에 비해 붓질은 더 길고, 색은 한 단계 더 깊어져 입체적이고 생동감 넘치는 느낌이 특징입니다.

2019년
하우 Hav 출시
로얄코펜하겐의 헤리티지를 잇는 새로운 디너웨어 컬렉션으로, 전통적인 디너웨어 관념에 도전하며 동시에 새로운 미래를 제안합니다. 이는 '시걸' 라인의 독특한 물고기 비늘 문양을 현대적으로 재해석한 것입니다.

2020년

플로라 다니카 Flora Danica**의 변주**

덴마크 마르그레테 2세 여왕의 80세 생일을 기념하여 '플로라 다니카' 퀸즈 기프트 티팟과 티잔 세트를 선보입니다.

2021년

로얄 크리처스 Royal Creatures

세계 최초로 한국 선공개

덴마크를 둘러싼 해협을 상징하는 로얄코펜하겐 로고인 세 개의 물결무늬에서 영감을 받아, 바다로의 탐험을 주제로 디자인되었습니다. 이는 로얄코펜하겐의 전통적인 블루 하프 레이스 라인의 패턴을 재해석하여 과감하게 표현해낸 것입니다.

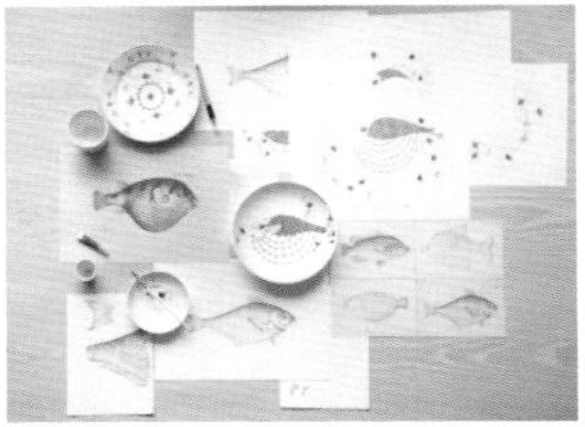

2022년

한식기 Korean Bowls**의 등장**

한국의 식문화를 존중하며 식생활을 분석하여 디자인한, 단아한 한국의 곡선을 지니고 있는 제품을 출시하였습니다.

청자 음각 연꽃무늬 매병, 고려 12세기, 높이 43.9cm(국보)

Celadon Prunus Vase with Incised Lotus and Scroll Design

중국 매병의 긴장된 선과 전혀 다른, 부드럽고 유려한 고려 매병의 곡선미를 잘 보여준다. 어깨의 풍만함이 강조되어 역삼각형 구도를 하고 있으며 아랫부분은 당당하게 이를 떠받치고 있다. 몸통 전면에 큼직한 연꽃과 넝쿨이 한데 어우러져 굵은 선으로 시원하게 새겨져 있으며 굽다리 둘레에는 뇌문 雷文 띠가 음각되었있다. 그러나 연꽃과 넝쿨의 잎맥은 가늘고 예리한 선으로 표현하여 섬세함을 더하고 있다. 정련된 태토에 연한 녹색이 감도는 투명한 청자유가 고르게 시유되었으며 설 핀 빙렬 氷裂이 번잡하지 않게 나 있다.

Widely praised for its translucent jade-colored glaze and unique inlaid designs, Goryeo celadon ware was first produced between the late 9th and early 10th centuries and reached its pinnacle in the 12th. The celadon pottery of this golden age is distinguished by elegantly brilliant surfaces and the use of a creative new inlay technique in which white and red slip is inlaid into the surface to form various designs in contrasting colors. In the mid-13th century, the quality of Goryeo celadons noticeably diminished in the wake of ongoing warfare with Mongol forces and the exquisite jade color gave way to duller green or yellow-brown finishes. However, this deterioration of Goryeo celadon ware contributed to the birth of the attractive buncheong ware of the subsequent Joseon Dynasty (1392-1910). This style of vase with a wide upper body narrowing toward the foot is called a maebyeong, from the Chinese meiping (梅瓶, "plum vase"). The delicate feminine shape of this vase made during the golden age of Goryeo celadon exemplifies the beautiful curves of Goryeo celadon. The surface is sumptuously incised with a lotus scroll design and the soft, repetitive curves of the lotus harmonize beautifully with the maebyeong shape.

The Celadon

현대에 이르러서도 변함없이 수려하고 독창적인 미감을 지니고 있는, 10세기 무렵 생활 문화 전반의 질적 향상을 가져온 고려청자. 그 아름다움을 감상할 수 있는 새롭게 단장한 국립중앙박물관 '청자실'을 지면으로 옮겨왔다.

Support 국립중앙박물관 미술부

청자 참외모양 병, 고려 12세기, 높이 22.7cm(국보)
Celadon Melon-shaped Bottle

고려청자의 절정기인 12세기 전반에 만들어진 대표적인 작품이다. 고려 17대 임금인 인종(仁宗. 재위 1122-1146)의 장릉(長陵)에서 '황통 6년'(皇統六年. 1146)의 기록이 있는 인종의 시책 諡冊과 함께 출토되었다. 참외 형태의 몸체에 치마처럼 주름 잡힌 높은 굽다리가 달려 있으며 입구는 여덟 잎의 꽃모양으로 벌어져 있다. 목 부분에 가로로 세 줄이 음각되어 있을 뿐 다른 장식은 없다. 이러한 양식은 중국 송대 宋代부터 유래하였으나, 중국 것에 비해 훨씬 온아하고 단정한 곡선과 비례를 보인다. 회청색에 옅은 녹색이 감도는 듯한 반투명의 청자유가 고르게 시유되어 고려 비색 翡色의 표본을 보인다. 단아한 기형 器形과 고도로 정선된 유약과 태토가 고려청자 최성기의 작품임을 알 수 있다.

Widely praised for its translucent jade-colored glaze and unique inlay designs, Goryeo celadon ware was first made between the late 9th and early 10th centuries and reached its pinnacle in the 12th century. The celadon works of this golden age are distinguished by the elegant brilliance of their surfaces and the use of a creative new inlay technique, in which white and red slips were inlaid into the surface to form various designs with the contrasting colors. In the mid-13th century, the quality of Goryeo celadon noticeably diminished due to ongoing warfare with the Mongols, as the exquisite jade color was replaced by duller green or yellow-brown surfaces. However, the deterioration of Goryeo celadon ware contributed to the birth of the attractive buncheong ware of the subsequent Joseon Dynasty (1392-1910). This celadon bottle was reportedly handed down from the tomb of King Injong (17th king of Goryeo, r. 1122-1146). It represents the very highest quality of both color and shape of 12th-century Goryeo celadon, and is thus an essential artifact for studying the celadon ware of the period. This style was originally derived from Chinese bronze liquor bottles; it was produced in ceramic form within the Northern Song Dynasty and then transmitted to Korea. While the Chinese versions of this bottle typically have a very large mouth and a voluptuous body, this Goryeo bottle has a perfectly balanced shape, accentuated by the gorgeous glaze.

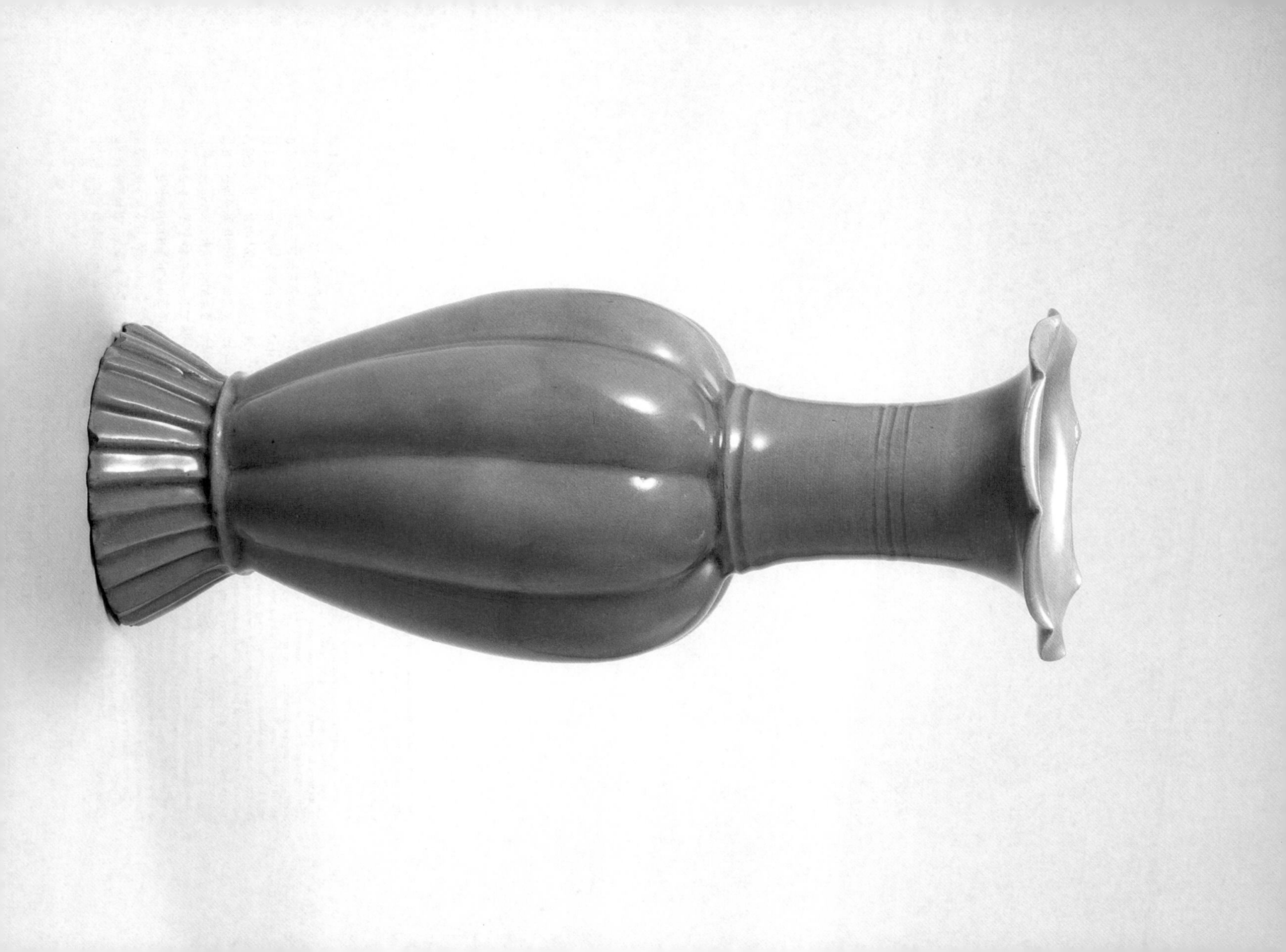

청자 사자모양 향로, 고려 12세기, 높이 21.2cm(국보)

Celadon Incense Burner with Lion-shaped Cover

화로에서 피운 향이 뚜껑의 구멍을 통해 사자의 입으로 빠져나가도록 만들어졌다. 뚜껑에 장식된 사자가 중앙에서 약간 오른쪽으로 치우쳐 있는 것은 사자를 조각한 후 뚜껑에 붙일 때 유약을 사용하면서 미끄러진 것으로 보인다. 향로 형태는 뚜껑의 경우 윗면에 한 단을 더 조성하여 그 위에 사자를 올렸으며, 단이 형성된 가장자리에는 여의두문을, 측면에는 초화문을 음각하였고 규석을 받쳐 구웠다. 화로의 몸체 여백에는 넓게 퍼진 구름문을 가득 음각하였다. 전에도 음각한 구름문을 일정한 간격으로 5곳에 배치하여 장식하였다. 뒷다리를 구부려 웅크리고 앉아있는 모습, 크고 동그랗게 뜬 눈에 철화 안료로 표현된 눈동자, 낮게 숙이고 있는 귀, 등에 올려붙인 꼬리 등은 매우 친근감 있는 모습으로 다가온다.

Incense burners are usually made out of metal, but with the advance of celadon techniques, some celadon incense burners were produced. Many incense burners had lids that were decorated with animals, either real animals such as lions, mandarins, and ducks, or imaginary creatures like dragons. Another imaginary creature sometimes used to decorate incense burners was the qilin (or kirin), as seen on this piece. According to Xuanhe Fengshi Gaoli Tujing 宣和奉使高麗圖經, a 40-volume text published in 1124, written by Xu Jing 徐兢, an envoy from China's Song Dynasty, a metal incense burner with an animal-shaped cover was used at an official royal event. Sanghyeong celadon vessels (ceramics shaped like people, plants, or animals) were primarily produced in the 12th century, the zenith of Goryeo celadon. The stunning beauty of the glaze color and the refined form of this incense burner demonstrate the exceptional quality of ceramics craftsmanship of the time. This incense burner has a lid shaped like a lion, which was believed to be a protector of Buddhism, and thus appears frequently in stone pagodas, stone lanterns, and other Buddhist ceremonial instruments. This lion has some very unique features: its right paw is resting on a Cintamani (a magic Buddhist jewel) and it has a bell hanging on its chest; the pupils of its wide, staring eyes are darkened with iron-brown underglaze; and its ears are tucked low, while its tail is curled up to its back. Xu Jing's Xuanhe Fengshi Gaoli Tujing (see above) has a section called "Ceramic Incense Burner" that mentions a lion-shaped incense burner. According to Xu Jing, the "lion-shaped incense burner is glazed with a jade green color, and has an animal crouching on top, with lotus flowers supporting it. Among a wealth of wonderful articles, this one is the most magnificent." This incense burner shows some differences from the one described by Xu Jing, but it is still highly significant in that it exemplifies the early 12th-century style of sanghyeong celadon incense burners, which were designed to resemble a person, plant, or animal.

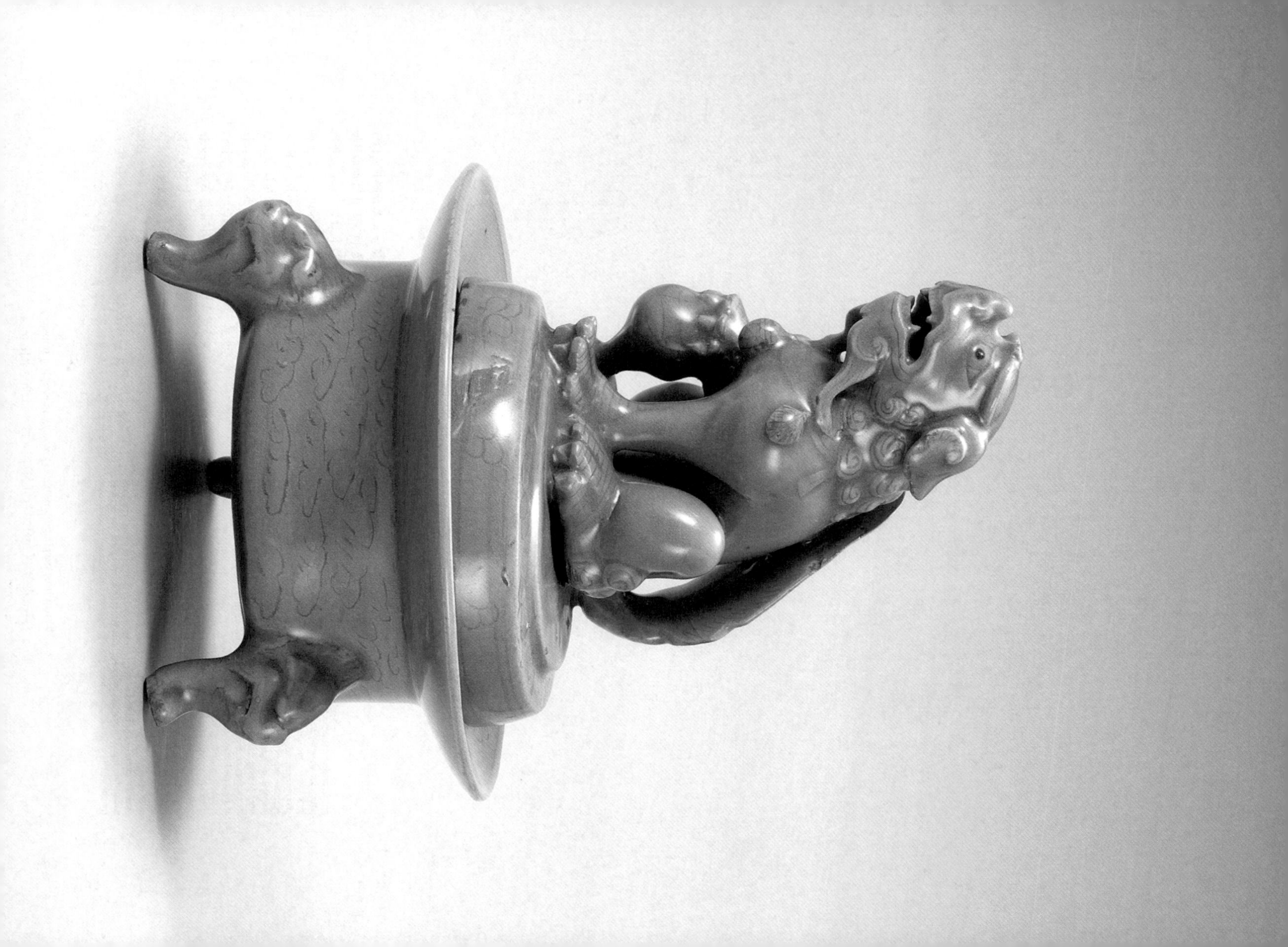

청자 철화 버드나무무늬 병, 고려 13세기, 높이 31.4cm(국보)
Celadon Bottle with Willow Design in Underglaze Iron Brown

고려의 도자기 가운데는 순청자와 상감청자가 가장 세련되었고 또 가장 많이 만들어졌다. 청자철화는 같은 청자류이지만 기형 器形과 유색 釉色과 문양에서 순청자나 상감청자와는 갈래가 다른 독특한 발전을 보였다. 이 병은 그런 청자철화 가운데서도 형태와 문양이 특이한 걸작이다. 입은 매병의 입과 비슷하면서 얇고 단정하며 몸체는 원통 모양이지만 어깨에 적절한 너비로 모를 죽인 세련된 형태이다. 몸체의 둘레와 병의 높이 사이의 비율도 매우 적절하다. 몸체의 양면에 단순화된 버드나무가 그려졌는데 뿌리와 등걸의 표현이 조금씩 다르다. 다른 청자철화들에서는 문양이 그릇 전체에 표현되는데 비해 이 작품에서는 여백을 넓게 두고 간략하게 문양을 넣었지만 버드나무의 운치는 충분히 살려냈다. 유약은 대체로 산화 번조되어 황갈색을 띠고 있으나 한 면의 버드나무 아래쪽과 반대편 버드나무의 배경 부분은 환원 번조되어 담담한 푸른 빛을 띤다.

Two of the most common classifications of celadon are pure (i.e., undecorated) celadon and celadon with inlaid designs. But celadon decorated with iron-brown underglaze warrants equal consideration with these other two categories. However, as compared to those two types, iron-brown underglaze celadon developed in a unique way, in terms of the form, glaze color, and design. This bottle, with its unique form and design, is celebrated as a masterpiece of celadon ware with iron-brown underglaze. The neck and upper body resemble a maebyeong, yet the line remains slender, straight, and trim. The shape is cylindrical, but the top edge is slightly angled, creating a softened form that is much more refined than a geometric cylinder. Also, the ratio between the height and the circumference of the bottle is ideal. Most celadon ware with iron-brown underglaze have designs painted over the entire surface, but this bottle has only two simple willow trees painted on either side. Interestingly, the roots and trunk of the two trees differ slightly from one another. Unlike the busy, expansive designs of most iron-brown underglaze celadon, the willows here are rather sparse and widely spaced, yielding a simple aesthetic dignity and grace. The glaze is primarily a tannish hue, due to "oxidation firing" (where oxygen is allowed to interact with the glaze during firing), but areas of mild blue can also be seen on both sides of the bottle. This blue color is an accidental effect that occurred inside the kiln during firing, but it definitely augments the stellar beauty of the bottle.

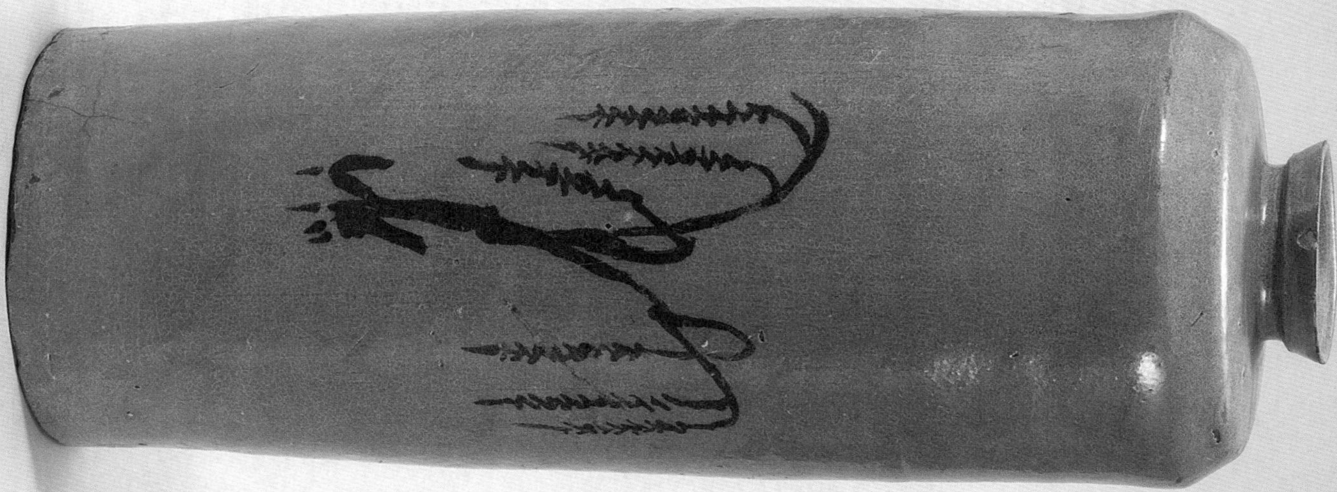

청자 상감 모란 넝쿨무늬 주자, 고려 12-13세기, 높이 34.7cm(국보)
Celadon Gourd-shaped Pitcher with Inlaid Peony and Scroll Design

몸체 아랫부분은 약간 도안화되었으나 사실에 가까운 모란 무늬를 소담하게 역상감(逆象嵌)했다. 역상감이란 배경 부분을 상감으로 메워 무늬가 청자빛이 나게 한다. 모란 꽃잎과 잎에는 가는 음각선으로 화맥과 엽맥을 표현했다. 몸체의 윗부분에는 운학문 雲鶴文을 흑백으로 상감하였고, 그 위의 입 둘레에는 뇌문 雷文 띠와 연판 蓮瓣文 띠를 둘렀다. 잘룩한 허리에는 누비 주름을 잡았는데, 주름의 깊이에 따라 유색 釉色에 변화가 보인다. 귀때부리의 배와 밑동 둘레에는 무늬를 도드라지게 찍는 퇴화 堆花 수법으로 흰 점을 찍어 넣었고, 자그마한 뚜껑 둘레에도 뇌문 띠를 둘렀다. 유조는 빙렬 氷裂이 없는 회청색계의 비색이며 광택이 은은하다.

Numerous gourd-shaped ewers have been found among the many surviving Goryeo celadon ware. This type of ewer can also be seen in the earthenware of the Tang and Song Dynasties of China. But it shows a creation different from that of the Chinese. The lower part of its body features a reverse inlay with a slightly illustrated but almost lifelike peony design. Reverse inlay consists in creating a green design by filling the background with inlays. Fine incised lines are used to depict the flower and the leaf of a peony blossom. The upper section of the body is inlaid with clouds and cranes, and the circumference of its mouth above it is encircled with thunder and lotus shaped bands. The side of the spout and its lower waist display white dots applied using the paste-on-paste technique. It is grayish green in color, mildly glossy, and unmarred by cracks.

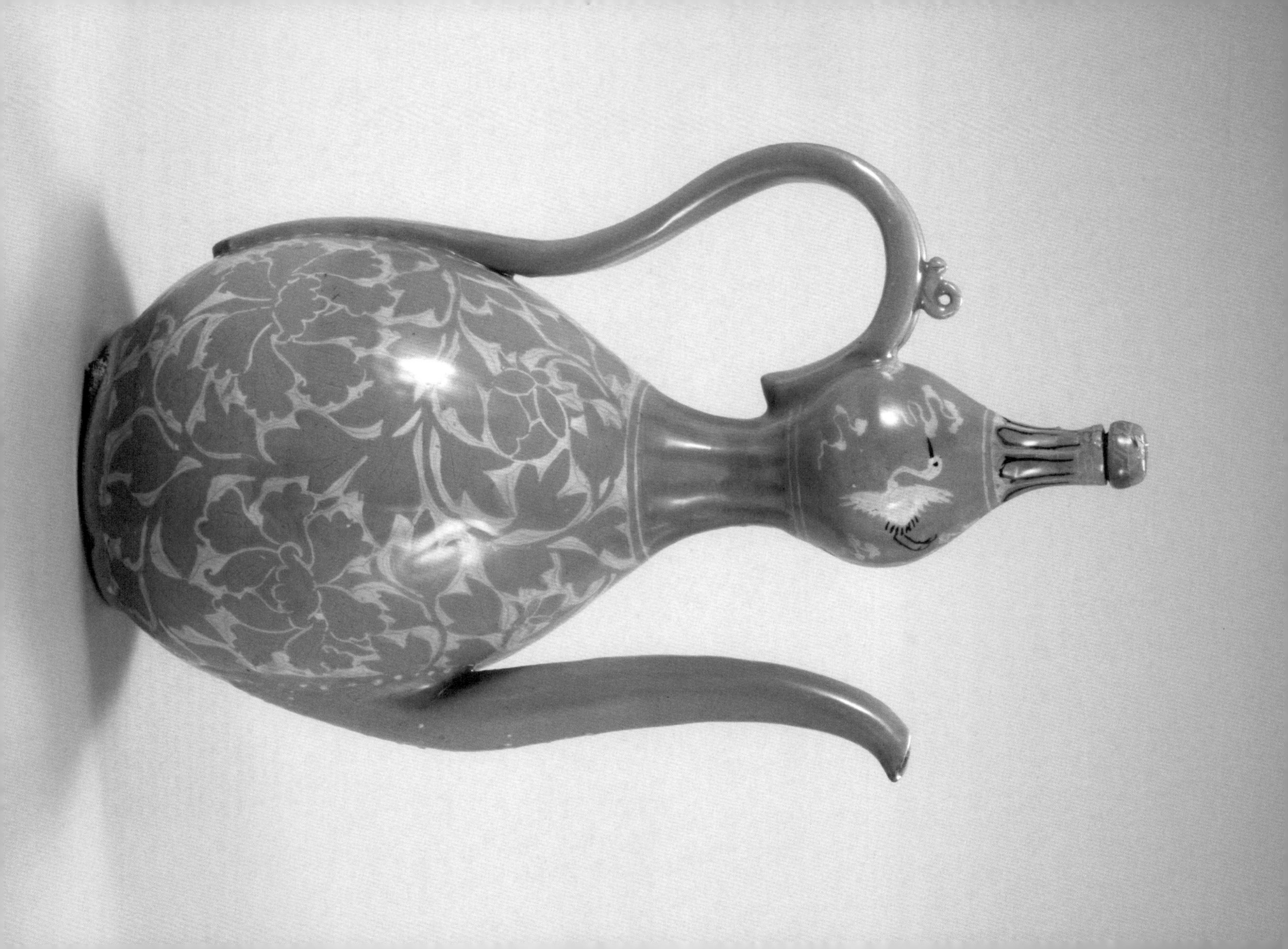

청자 투각 칠보무늬 향로, 고려 12세기, 높이 15.3cm(국보)

Celadon Incense Burner with Openwork

고려청자의 대표적인 명품 가운데 하나이다. 이 향로는 향이 빠져나가는 뚜껑과 향을 태우는 몸통, 그리고 이를 지탱하는 받침으로 이루어진다. 각각 다른 모양을 기능적으로 결합하여 완성된 조형물로 나타내었을 뿐만 아니라 음각, 양각, 투각, 퇴화 堆花, 상감, 첩화 貼花 등 다양한 기법이 조화롭게 이용되었다. 특히 이 향로를 돋보이게 하는 것은 꽃 모양 받침을 떠받치고 있는 앙증맞은 세 마리의 토끼다. 상형 장식 특성상 단순화하여 만들었지만 토끼의 특징이 잘 표현되어 향로의 조형성에 완벽을 더하고 있다.

Widely praised for its translucent jade-colored glaze and unique inlaid designs, Goryeo celadon ware was first produced between the late 9th and early 10th centuries and reached its pinnacle in the 12th. The celadon pottery of this golden age is distinguished by elegantly brilliant surfaces and the use of a creative new inlay technique in which white and red slip is inlaid into the surface to form various designs in contrasting colors. In the mid-13th century, the quality of Goryeo celadons noticeably diminished in the wake of ongoing warfare with Mongol forces and the exquisite jade color gave way to duller green or yellow-brown finishes. However, this deterioration of Goryeo celadon ware contributed to the birth of the attractive buncheong ware of the subsequent Joseon Dynasty (1392-1910). This style of vase with a wide upper body narrowing toward the foot is called a maebyeong, from the Chinese meiping (梅瓶, "plum vase"). The delicate feminine shape of this vase made during the golden age of Goryeo celadon exemplifies the beautiful curves of Goryeo celadon. The surface is sumptuously incised with a lotus scroll design and the soft, repetitive curves of the lotus harmonize beautifully with the maebyeong shape.

청자 철채 퇴화 풀잎무늬 매병, 고려 12-13세기, 높이 27.6cm(보물)
Celadon Prunus Vase Painted with Underglaze Iron Brown and Paste-on-paste Insam Leaf Design

청자 태토로 매병 형태를 만든 후 철화 鐵畫 안료를 칠하고, 다시 몸체 양면에 잎 무늬 부분만을 얇게 파낸 뒤 그 위에 백토 白土를 바르고 청자유약을 입혀 구운 작품이다. 이처럼 여러 번 공정을 거치는 철채 鐵彩 상감기법은 12세기 전반기부터 나타나고 있으나 그 예가 매우 드물다. 소담스러운 어깨의 곡선은 매우 유려하고 몸체에 그려진 잎 무늬에는 백토를 바른 붓질이 잎맥처럼 자연스럽게 남아 있다. 대담하게 내리그은 백색의 줄기 끝 부분과 철채한 흑색의 대조 또한 절묘하다. 흑 黑과 백 白의 대비와 소박한 잎 무늬의 표현, 백토를 바른 붓질에 운치가 배어난다. 굽 접지면에 내화토를 받쳐 구웠다.

This maebyeong (prunus vase) was created through a series of intensive production processes. First, the original celadon clay was delicately curved and shaped into the characteristic maebyeong form-- wide at the top and curving down into a more narrow foot. Then the vase was painted with iron-brown underglaze, and the leaf patterns were carefully carved and inlaid with white clay. Finally, a layer of glaze was applied to complete the vase. The technique of making inlay designs in underglaze iron first appeared in the early 12th century, but the method is so intricate and complex that it was rarely used. The full, curvilinear line of this maebyeong exudes elegance, while the vivid, natural brushstrokes of the white leaf design evince the vein of a leaf. The bold white strokes of the stems create a magnificent contrast with the dark color of the underglaze. This maebyeong presents a wealth of delicate aesthetics: the contrast of dark and light, the concise delineation of the leaves, and the masterful brushstrokes to apply the white clay. During firing, a refractory clay support was attached to the foot rim; fragments of vessels similar to this maebyeong were found at the kiln site in Sadang-ri, Daegu-myeon, Gangjin.

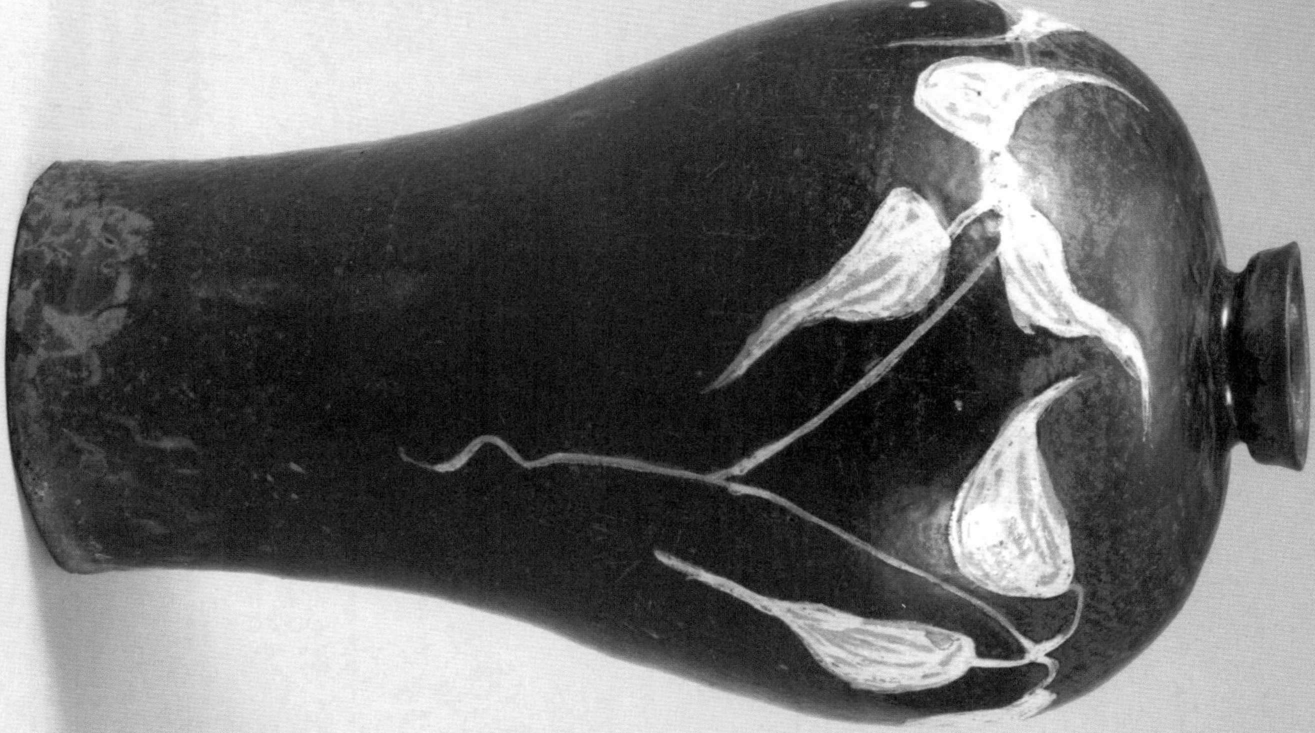

청자 상감 보자기무늬 매병, 고려 12-13세기, 높이 35.4cm(보물)
Celadon Lidded Prunus Vase with Incised Peony and Inlaid Wrapping Cloth Design

매병은 뚜껑을 덮을 때 몸통과의 마찰로 인한 파손 위험을 줄이고 장식 효과를 더하기 위해 아마도 어깨 위에 수를 놓은 보자기를 덮었던 것으로 보인다. 이와 같은 효과를 얻고자 목을 중심으로 네모반듯한 보자기를 씌운 것 같은 보자기 무늬를 상감하였다. 장식이 많은 것 같으나 전체 디자인이 단순해 보이며 특히 상감 장식을 어깨 부분의 보자기 무늬에만 넣고, 음각 무늬는 중간 부분 이하에만 한정하여 디자인을 이원화시켰다.

It is thought that a bojagi (wrapping cloth) that was large enough to cover the shoulders of the bottle was placed there before putting a lid over the mouth for decorative effect. This bottle is inlaid with a square bojagi pattern over the part around the neck, supposedly to create such an effect. Inlay decorations are made only in the bojagi pattern on the shoulder, with designs carved on the middle body and the bottom.

Still Life

정물화 속 이야기

'정물화 Still Life'는 17세기 네덜란드와 프랑드르 지역에서 본격적으로 발달하기 시작한 예술 사조로 일상생활의 사물을 주제로 한 회화를 일컫는다. 시대를 대표하는 화가의 정물화에서 발견한 당시의 대표적인 생활양식 '테이블웨어 Tableware'. Word by Eunnarae Jo

Still Life with a White Mug (ca. 1764)

01 평범함 속 아름다움을 그린 화가 샤르댕

Jean-Baptiste-Siméon Chardin
1699-1779, 프랑스

18세기 초반 프랑스는 17세기 네덜란드 회화가 대량 유입되는 시기였다. 프랑스 태생인 샤르댕의 화풍이 네덜란드의 대표적인 화가 렘브란트의 영향을 받는 건 당연한 일이었다. 당시 삶의 덧없음을 상징하는 해골, 촛불, 모래시계 등을 그린 바니타스 회화에 대해 샤르댕은 반발심을 갖고 있었다. 그는 너무나 평범해서 눈길조차 주지 않는, 회화 장르 중 가장 인정받지 못한 정물화를 그렸다. 평범한 일상의 정물에 주목하기 시작한 것이다. 과장과 곡해 없이 자신의 눈에 비치는 사물 그대로를 고스란히 그리려 한 그를 향해 마티스는 '사물의 감정을 그릴 줄 아는 화가'라고 칭하기도 했다. 작업 초기에는 자신이 일상에서 사용하는 물건들, 구리로 된 주전자와 같은 주방용품과 일반 가정에서 널리 쓰이는 도기들이 주로 등장했다면 1750-60년대 그의 생애 후반기에 그려진 정물화에는 값비싼 도자기나 수입된 일본, 중국 자기가 등장하는 것을 볼 수 있다. 사물 본연의 모습을 성실히 그려낸 샤르댕, 그의 작품 속엔 시대와 상황에 맞게 변화하는 18세기 유럽의 일상이 고스란히 담겨 있다.

A Vase of Flowers (1750)

White Teapot with White and Red Grapes, Apple, Chestnuts, Knife and Bottle (ca. 1759)

02 사물의 본질에서 오는 아름다움
폴 세잔
Paul Cézanne
1839-1906, 프랑스

세잔은 대상이 가진 형태와 색채에 집중했다. 붉은빛 '사과'의 조형성에 매료된 그는 사과를 주제로 한 정물화를 수없이 그렸다. 1870년대 이후, 그는 집안의 사물들을 정물화에 등장시키기 시작했다. 일상적인 물건을 조형적인 오브제로 바라보았고 물건의 용도보다는 아름다움에 초점을 두었다. 그에게 아름다움이란 사물이 가진 본질적인 구조, 다시 말해 원형과 삼각형 등 기하학적인 단순함에서 오는 것이었다. 정물을 구 또는 원기둥의 기본형의 도형으로 이루어진 사물로 보고, 그 안에서 질서를 찾아 형태를 표현했다. 또한 세잔은 하나의 화폭에 여러 시점을 담는 화가였다. 사물의 수평선을 약간 기울게 그려 정물이 쏟아질 듯한 느낌을 주는 것이 큰 특징이다. 의도적인 왜곡을 통해 평면 회화를 입체적으로 바라보게 만든 것이다. 색채에 있어서는 빛과 시선의 이동에 따라 변하는 개체의 색채를 따랐으며, 주로 대비되는 색을 사용해 화면에 생동감을 주었다. 의도적으로 왜곡되고 단순하게 그려진 세잔의 정물들을 보면, 19세기 정물화를 대하는 화가들의 태도가 점차 변화하고 있음을 엿볼 수 있다.

Still Life with Milk Jug and Fruit (ca. 1900)

Still Life with Cherries And Peaches (1885-1887)

Still Life with a Ginger Jar and Eggplants (1893–1894)

Vase with Pink Roses (1890)

Majolica Jug with Wildflowers (1888)

03 일본 도자와 신인상주의 화가
빈센트 반 고흐
Vincent van Gogh
1853-1890, 네덜란드

고흐는 대중에게 알려진 유명한 작품 수에 비해 작가로서 활동한 기간이 매우 짧은 화가 중 한 명이다. 비극적인 선택으로 인한 짧은 생애 동안 작가로서 10년이라는 시간은 물론, 그에게 짧지만은 않은 시간이었을 것이다. <해바라기>, <아를르의 침실> 등 생애 후반기에 다수의 유명한 작품을 남긴 고흐의 초기작은 어땠을까. 네덜란드에서의 고흐의 초기작들은 대부분 어둡고, 칙칙하다. 우리가 익히 알고 있는 밝고 경쾌한 색채와 붓놀림이 아닌, 비참함 마저 느껴지는 작품들이 주를 이룬다. 그의 작품이 변화하기 시작한 시점은 1886년 파리로 거주지를 옮긴 이후부터다. 인상주의 화가들과의 교류를 통해 고흐는 자신만의 화풍을 확립할 수 있었다. 19세기 후반, 일본 우키요에 판화가 새겨진 도자기 포장지가 유럽에 유입되면서 인상주의 화가들에게 큰 영향을 미쳤다. 뚜렷한 검은 윤곽선과 강렬한 색채는 그들에게 큰 충격이었다. 고흐 역시 이러한 '자포니즘'의 영향을 받았으며 말년의 유명한 정물화인 <해바라기>가 등장하기 전 일본풍의 '해바라기' 작품이 존재하는 것을 보면 그 영향력을 더욱 실감할 수 있다. 그 무렵 유럽에는 일본의 도자가 유행했고, 심지어 모네는 일본 전통 의상과 일본풍의 기물을 즐겨 사용했다고 알려져 있을 만큼 도자는 한 사람의 예술관과 실생활 전반에 큰 영향을 주었다.

Still Life with Straw Hat (1881)

Still Life with Earthenware and Bottles (1885)

04 강렬한 색채, 부유하는 기물

앙리 마티스
Henri Matisse
1869-1954, 프랑스

인상주의와 신인상주의를 거쳐 1905년, 야수파의 등장이 있었다. 20세기에 접어들며 미술계는 피카소, 브라크와 같은 입체주의의 등장과 더불어 다양한 미술 사조가 혼재된 시기였다. 야수파는 하나의 화파로 규정되기에는 2년이라는 짧은 시간 동안의 한 경향에 가깝지만, 추상미술의 등장에 큰 영향을 미쳤다는 데에 의의가 있다. 무엇보다 야수파에는 앙리 마티스가 존재하니 말이다. 그 당시 유럽의 젊은 화가들은 기존의 방식에서 벗어나 새로운 시각으로 대상을 바라보려 하였다. 특히 색채에 있어 정물이 본래 띠고 있는 색보다 작가의 의도가 중요해진 시기였다. 마티스 그림의 주요 특징 역시 색채이다. 세잔의 영향을 받았던 마티스의 초기 정물화는 생의 후기로 넘어가 변화를 보였다. 말년기의 그는 원근감을 무시한 채 강렬한 색채의 테이블 위에 기물들이 부유하는 듯한 이미지를 그린 것을 볼 수 있다. 이러한 원근법과 색채의 해체는 현대 추상회화의 특징으로 이어졌다. 현대에 이르러, 색채의 마술사라 불리는 마티스 역시, 대변혁의 시기에 자신의 개성적인 회화 요소를 구축하려 노력한 결과라 볼 수 있다.

Still Life with a Pewter Jug and Pink Statuette (1910)

Still Life with the Dance (1909)

Dishes and Fruit (1901)

Still Life with a Shell (1940)

Still Life (1940)

Still life (1948 -1949)

05 사물과의 대화
조르조 모란디
Giorgio Morandi
1890-1964, 이탈리아

20세기 대변화의 시기, 다양한 화파들의 잇따른 등장 속에 독자적인 양식을 선보였던 정물화가가 있었다. 평생 정물화라는 하나의 주제에만 몰입했던 화가, 조르조 모란디다. 그는 '병瓶의 화가'라고 불릴 정도로 생애 동안 도자와 글라스를 주제로 한 정물화만을 그렸다. 차분한 색감과 특유의 고요함은 다른 화가들과는 확실히 구분되는 독자적인 특징이었다. 정물의 윤곽선을 뿌옇게 처리하여, 부드러움을 강조하고 사물의 라벨조차 없애 '익명의 사물'을 그렸다. 20세기 일본 도기의 유입으로 회화 작가들의 도예에 대한 관심 높아져 다수의 작가들이 도자를 주제로 그림을 그렸으나, 평생 정물화만을 그린 화가는 거의 유일했다. 그의 정물화는 동양적인 성격을 띠어 더욱 특이한데, 서양에서는 보통 개별 개체들의 특성에 주목하여 하나하나의 개체를 돋보이게 그린다면, 동양에서는 개체 간의 관계에 더 주목하여 그림을 그리는 경향이 있다. 정물들이 하나의 덩어리를 이루고 있는 그의 정물화는 동양적인 성격을 띠는 것을 알 수 있다.

Walk in the garden
Teapot

Walk in the garden
Tea cup and saucer

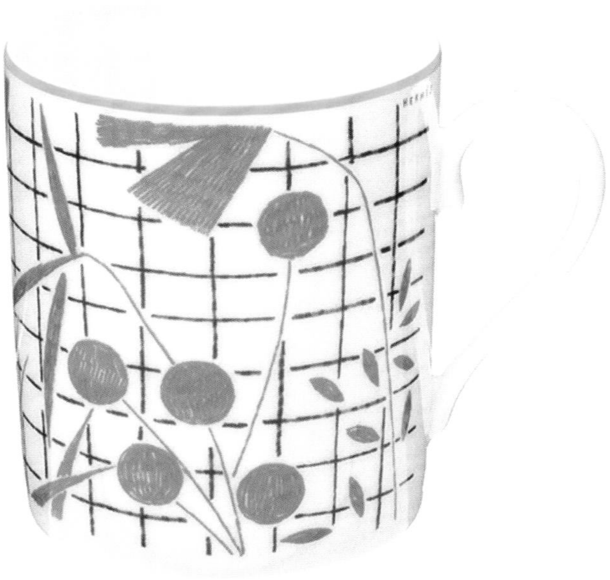

Walk in the garden
Mug

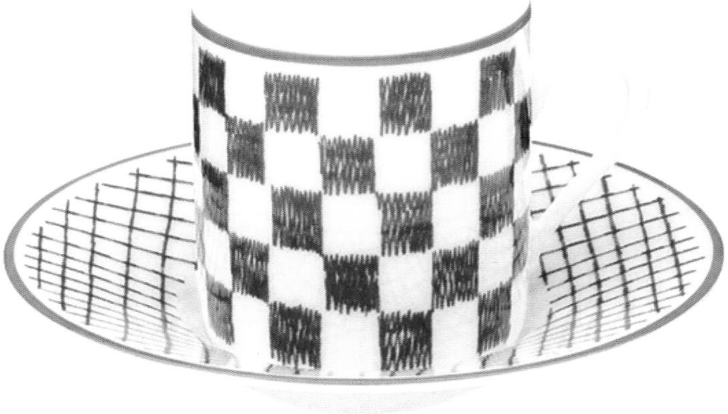

Walk in the garden
Coffee cup and saucer

Walk in the garden
Cereal bowl

Walk in the garden
Medium bowl

파시폴리아
PASSIFOLIA

by
나탈리 롤랑 위켈
Nathalie Rolland-Huckel

플로럴 패턴과 시간이 지나도 변하지 않는 디자인으로 이루어진파시폴리아 컬렉션은 나탈리 롤랑 위켈 Nathalie Rolland-Huckel이 드로잉을 하였으며, 그녀의 세 번째 에르메스 포슬린 컬렉션이다. 이번 컬렉션 타이틀인 '파시폴리아'는 멕시코가 원산지인 시계꽃과 식물 패션플라워(학명: Passiflora incarnata)에서 유래된 이름이다.

Passifolia
Large round platter

Passifolia
Large deep round platter

Passifolia
Large salad bowl

Passifolia
Oval platter

Passifolia
Large vase

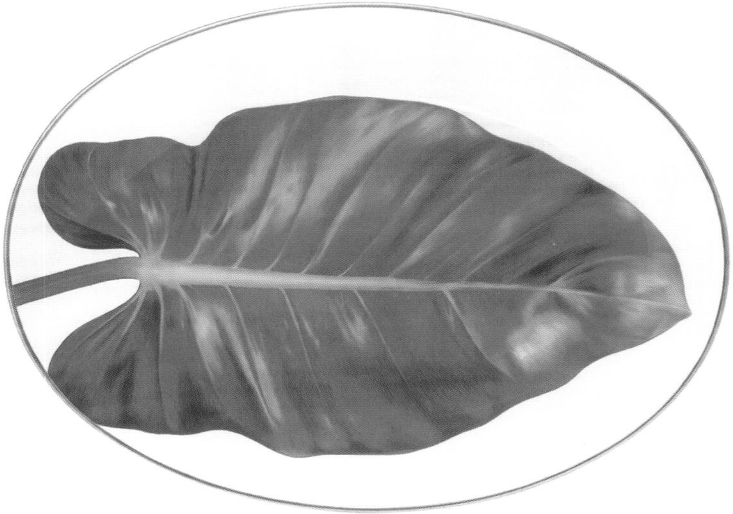

Passifolia
Oval platter

Passifolia
Creamer

Passifolia
Small tray "orchid"

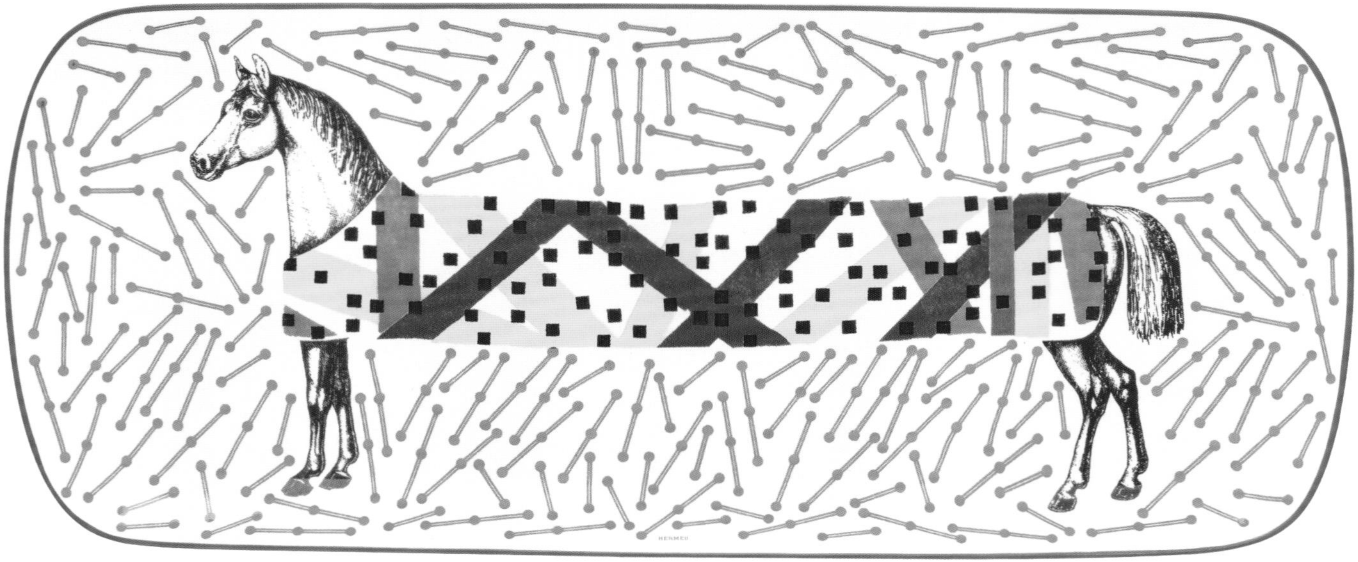

히포모빌
Hippomobile

by
지안파올로 파니
Gianpaolo Pagni

에르메스의 히포모빌 컬렉션은 지안파올로 파니 Gianpalo Pagni가 에밀 에르메스 컬렉션에서 발견한 말 판화 작품에서 영감을 받아 다양한 그래픽과 컬러를 한 마리의 말에 입혀 표현한 유쾌함이 표현한 컬렉션이다. 마치 밤하늘의 수많은 별 사이를 거니는 환상의 동물 같은 몽환적인 상상을 하게 만든다.

Hippomobile
Dessert plate

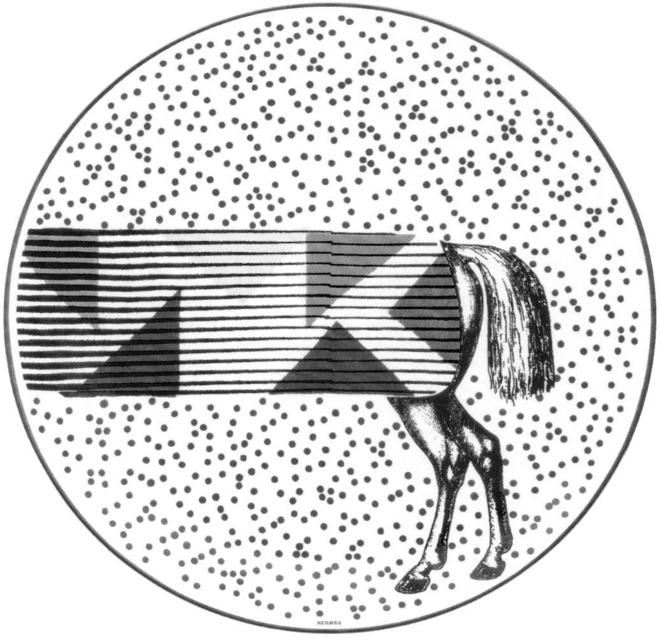

Hippomobile
Dessert plate

Hippomobile
Teacup and saucer

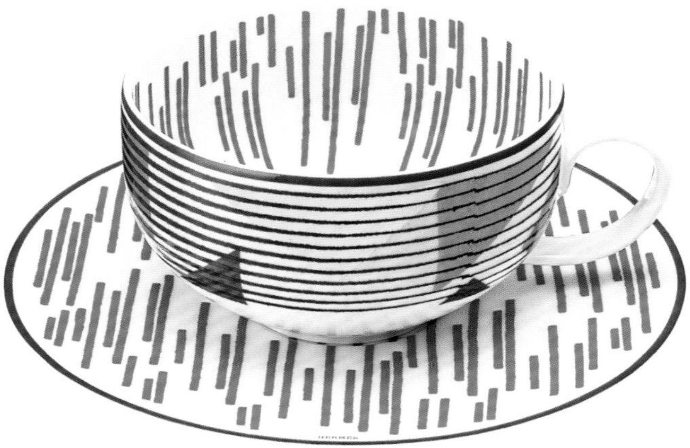

Hippomobile
Teacup and saucer

Hippomobile
Mug

Hippomobile
Mug

Hippomobile
Teapot

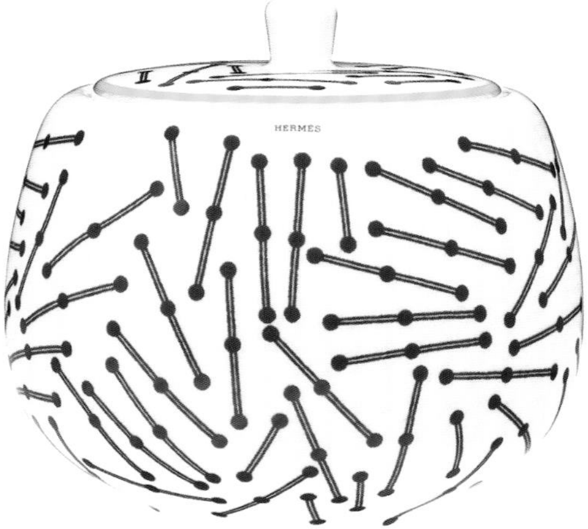

Hippomobile
Sugar bowl

Hippomobile
Creamer

Hippomobile
Small plate

에르메스의 태양
Soleild'Hermès

by
아리엘 드 브리샹보
Arielle de Brichambaut

포슬린의 화이트 컬러와 그 위로 섬세한 명암이 가미되어 깊이 있는 옐로우 컬러, 그리고 자세히 들여다봐야 보이는 블랙 라인으로 뜨거운 여름 태양을 표현했다. 아리엘 드 브리샹보가 형상화한 야자수 잎은 장인들의 능숙한 수작업으로 완성도를 높였다. 총 24피스로 이루어져 있어 소중한 이들과의 모임이나 특별한 날을 위한 테이블 웨어.

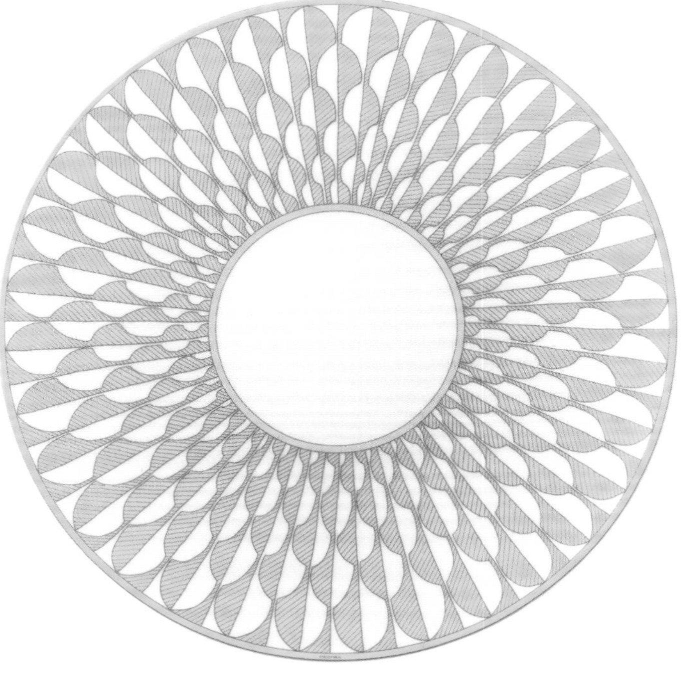

Soleild'Hermès
Dinner plate

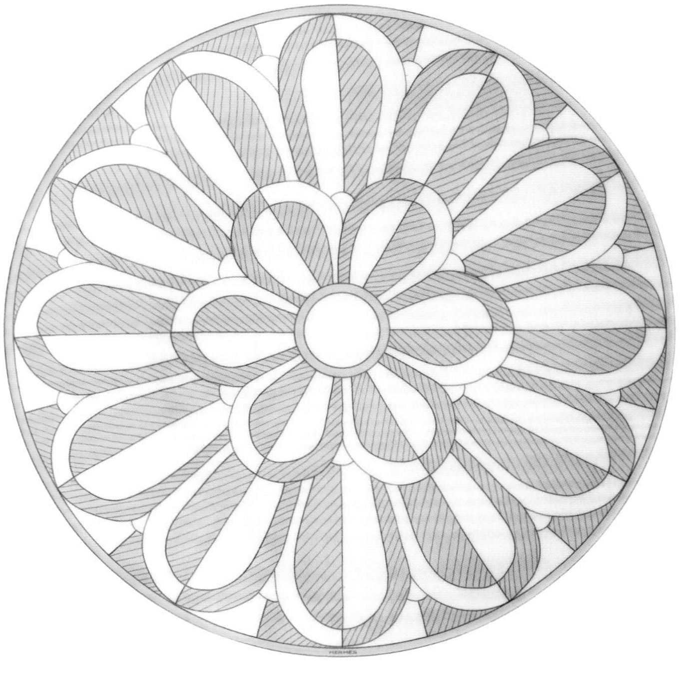

Soleild'Hermès
Dessert plate

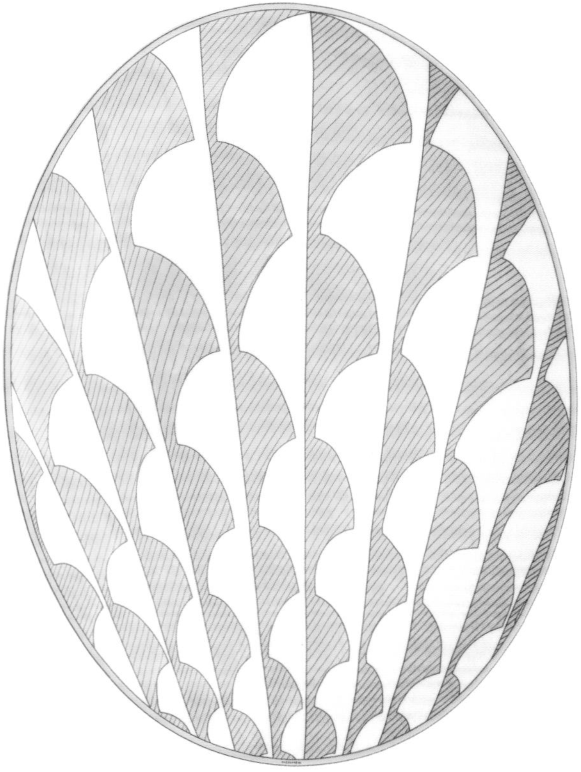

Soleild'Hermès
Medium oval platter

Soleild'Hermès
Sugar bowl

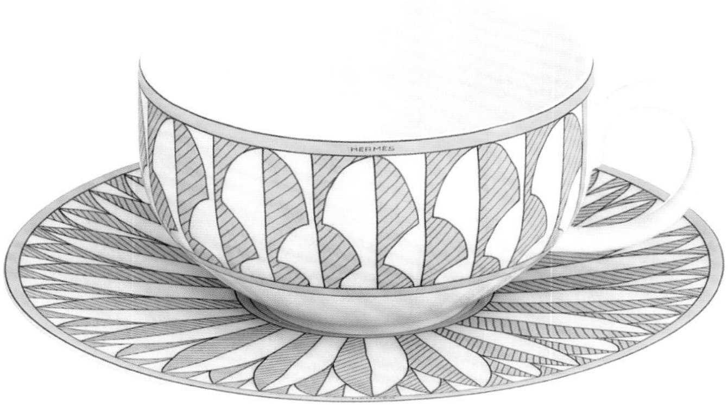

Soleild'Hermès
Breakfast cup and saucer

Soleild'Hermès
Small tray

Soleild'Hermès
Large bowl

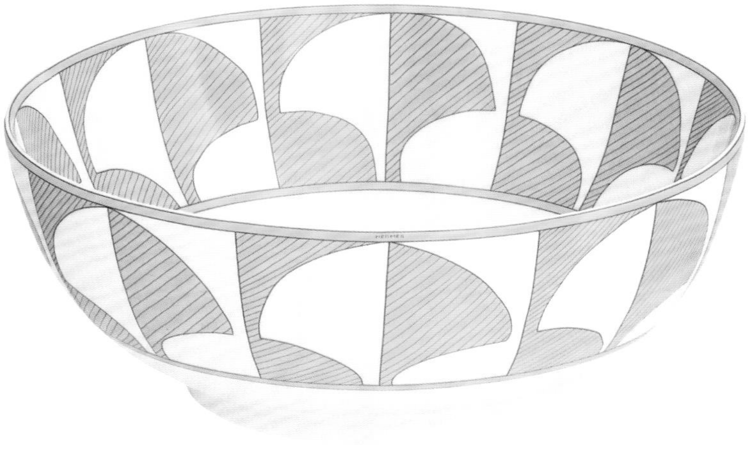

Soleild'Hermès
Small salad bowl

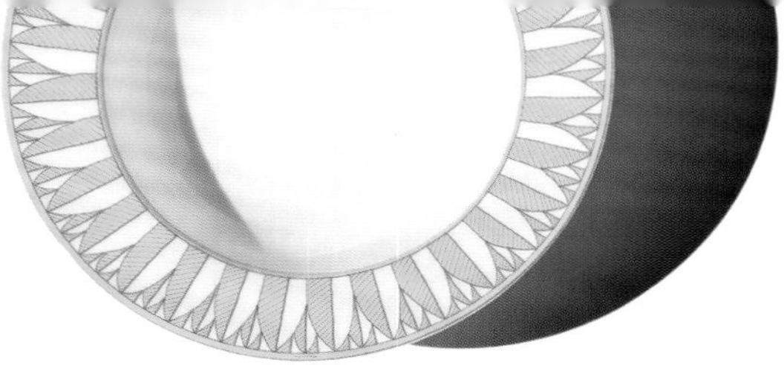

디자이너의 시선

Words Assistant Editor Sumin Ha Support Kioskkiosk, 39etc, Lofa Seoul, Finork

키오스크키오스크
KIOSKKIOSK
KioskKiosk

서울 성동구 서울숲2길 18-14 2층
@kioskkioskshop
kioskkiosk.kr

즐거움과 특별함을 바탕으로 하는 작가의 작품과 브랜드의 상품을 제안하는 '키오스크키오스크'. 연필을 주제로 수집·출판·판매를 했던 'Pencil Kiosk' 프로젝트에서 시작하여, 지금까지도 다양한 프로젝트와 작업을 이어오고 있다.

키오스크키오스크를 오픈하게 된 계기 한동안 독립출판의 인기로 수많은 독립서점이 생기고 있을 때, '왜 독립상점은 없는가?' 하는 질문에서 시작된 것 같다. 9평 남짓한 공간에서 시작하여, 넓은 공간으로 이전하면서 지금은 서울숲 거리에 자리 잡게 되었다.

키오스크키오스크만의 브랜드와 작가를 셀렉하는 특정 기준 '작품과 상품' 사이의 것을 모색하고자 한다. 주로 시각적인 즐거움을 지닌 것을 만드는 브랜드와 작가에 주목하는데, 기성 이미지보다 작업자의 성격이 자연스럽게 드러나는 것을 선호한다. 색감, 형태, 제작 방식, 재료 등에서 작업의 고유한 '즐거움과 특별함'을 중점적으로 보는 것 같다.

대표적인 EARTHWARE 제품 키오스크키오스크에는 형태가 자유로운 인센스 홀더, 식기류, 오브제, 모빌, 화기 등 다양한 용도의 기물이 입점해 있기에 대표 제품으로 딱 하나를 고르긴 어렵다. 대표적으로는 선과 선분, F.Print, 폴리가든, 나이트프루티, 브라이트룸 등이 있다.

키오스크키오스크의 주 고객층
주 연령층은 20대부터 40대까지 다양한데, 공간과 개인의 시간에 관심을 가진 손님분들이 많이 찾아오신다. 새로운 공간을 맞이하는 사람을 위해 선물을 준비하시는 분들이 많으셔서, 선물 포장 서비스가 인기가 많다.

디자인을 하는 것과 디자인을 판매하는 것은 과연 무엇이 다를까.
디자이너 출신이 운영하는 세라믹을 다루는 공간 4곳을 소개한다.

39etc

서울 용산구 이촌로18길 21-47 1층
@39etc
39etc.com

39etc는 기본적인 형태에 충실하고 퀄리티가 높으면서도, 그 속에서 위트를 놓치지 않는 팀이다. '39'는 김어진, 정현지 대표가 유학 시절, 처음 만나게 된 곳인 이탈리아의 국가 번호이기도 하다. 메인 카테고리가 아닌, 다양한 것을 포용하고자 뒤에 etc를 붙여 '39etc'가 되었다고 한다. 현재 그래픽과 패키지, 공간을 통해 다양한 콘텐츠를 만들고 있다.

39etc를 오픈하게 된 계기 39etc를 처음 시작했을 때, 우리는 밀라노에서 공부하는 유학생이었다. 그렇기에 당시에 엄청난 아트워크는 못 사더라도, 보는 눈을 키우고자 했던 것 같다. 이와 같은 여러 방면에서의 다양한 경험을 바탕으로 지금 39etc 셀렉션을 만들어가고 있다.

39etc만의 브랜드와 작가를 셀렉하는 특정 기준 기본적인 것에 충실하되, 위트 있는 브랜드와 제품을 계속해서 선보이고자 한다. 구체적으로 어떤 스타일을 정해두는 것이 아닌, 볼 때마다 기분이 좋고 재밌는 오브제를 주로 셀렉하고 있다.

대표적인 EARTHWARE 제품 39etc 초반부터 함께하고 있는 '나이트프루티'와 '이스트스모크'.

39etc의 주 고객층 주로 20대 초반부터 30대 후반의 남녀분들이 많이 방문해주신다. 우연히 들어오기엔 어려운 위치에 있는데, 아마도 인스타그램을 보고 찾아와주시는 것 같아 늘 감사하다.

로파서울
LOFA SEOUL

서울 용산구 한강대로7길 10-11 5층
@lofa_seoul
shoplostandfound.kr

모든 물건에는 주인이 있다는 생각으로 분실물 보관소처럼 누군가에게 꼭 들어맞는 오브제를 찾아주고자 한다는 김영지 대표. 처음에는 "로스트앤 파운드 Lost&Found"라 이름 지었지만, 고민 끝에 "로파"로 줄여 지금의 '로파서울'이 되었다.

로파서울을 오픈하게 된 계기 디자인 에이전시에서 근무하면서 늘 클라이언트를 위한 디자인을 해왔다. 그런데 어느 순간 내가 디자인하는 것이 아닌, 잘 만들어진 매력적인 제품을 소개하자는 생각이 들었다. 그렇게 로파서울을 시작하였는데, 운영하면서 느끼는 건 직접적으로 제품을 디자인하지 않을 뿐, 그 외의 여러 방면에서는 계속 디자인을 계속하고 있는 것 같다.

로파서울만의 브랜드와 작가를 셀렉하는 특정 기준 자신만의 이야기가 있는 브랜드와 작가를 선호한다. 로파서울은 다른 편집숍과 다르게 특정 무드의 제품만을 소개하진 않는다. 보이는 무드와 스타일이 다르더라도, 이야기로 엮여지는 브랜드와 작가를 고집한다.

대표적인 EARTHWARE 제품 로파서울에서 전시하기도 했던 번쩍이는 검정 유광의 유약을 고집하는 인스턴트 와이즈 Instant Wise와 명품 로고를 자신들만의 드로잉으로 그려낸 후, 컵과 화병에 전사하는 스페인의 라피타스 스튜디오 Rapidtas Studio, 그리고 흙이 가진 텍스처에 집중하여 마치 겹겹이 쌓여있는 종이와 같은 작업을 선보이는 에크리튜 스튜디오 Ecriture Studio가 대표적이다.

로파서울 주 고객층 10대부터 50대까지, 남녀노소로 다양하다. 그중에서도 유행보다 자신만의 스타일에 따라 독특한 오브제를 찾고자 하시는 분들이 로파서울을 찾아 주시는 것 같다.

피노크
FINORK

서울 성동구 서울숲9길 5 2층
@finork_official
finork.kr

'Look Fine Work Fine'이라는 슬로건 아래, 국내외 아티스트들과 그들의 흥미로운 작업을 소개하기 위해 시작된 '피노크'. 이는 Fine Work에서 첫 단어의 마지막 음절인 e와 다음 단어의 첫 음절인 w를 제한 합성어이다. 좋은(Fine) 것을 접하고, 이를 통해 작업을 잘(Fine) 풀어내고자 하는 이들의 귀추가 주목된다.

피노크를 오픈하게 된 계기 도예를 전공하고 전업 작가로서 꿈을 꾸었지만, 작품을 만드는 것보다 어떻게 하면 잘 보여줄 수 있는지에 더 많은 호기심을 갖게 되었다. 이와 동시에 늘 도자가 곁에 있었으면 하는 마음에서 좋은 작가와 작품을 발굴하고 소개하는 피노크라는 공간을 만들게 되었다.

피노크만의 브랜드와 작가를 셀렉하는 특정 기준 시각적으로나 의미상으로 인상적인 작품을 만드는 작가도 중요하지만, 이에 앞서 작품을 대하는 태도가 명확한 작가를 우선시한다. 함께 관계를 오래 지속할 수 있는지도 중요하게 생각하는 부분이다.

대표적인 EARTHWARE 제품 가장 최근에 소개한 Peter & Iris 캐나다 유리공예가. 아버지와 딸이 듀오로 활동하고 있는데, 다양한 광물을 섬세하게 조합하여 자신들만의 색을 구현하고, 수공예에서만 볼 수 있는 특성이 잘 드러나는 아름다운 유리 작품을 만들어낸다.

피노크의 주 고객층 라이프스타일에 관심 있는 30~40대 고객층이 제일 많다. 공예가가 만든 작품 한 점이 삶을 얼마나 아름답게 만드는지 그 가치를 알고, 이를 통해 삶을 다채롭게 만들어가고자 하는 분들이 주로 찾아오신다.

Back Issue

NO.01 SELFRULES

NO.02 PERSONALITY

NO.03 UNUSED

NO.04 COEXIST

NO.05 COLLECTABLE

NO.06 ORGANIZED

NO.07 GENERAL

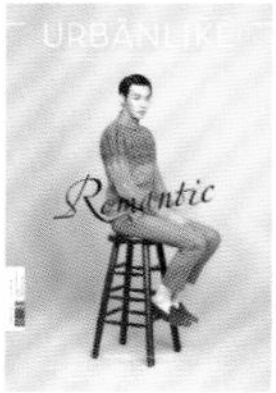
NO.08 ROMANTIC

NO.09 HOTEL

NO.10 SCENT

NO.11 GARDEN

NO.12 WEEKEND

NO.13 MEAL

NO.14 STORE

NO.15 SELF-CARE

NO.16 THE LOVER

NO.17 TEA TIME

NO.18 PRESENT

NO.19 CLEAN

NO.20 WET WET WET!

NO.21 SEOUL NOW

NO.22 ONE FINE DAY

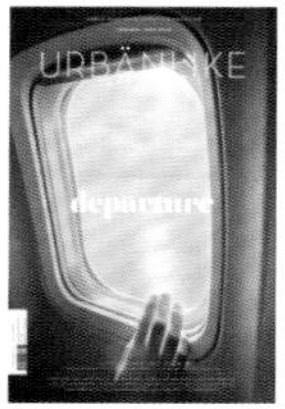
NO.23 DEPARTURE

NO.24 SLEEPLESS

NO.25 CULTURE CLUB

NO.26 DESSERT THERAPY

NO.27 WORKWEAR

NO.28 CELEBRATION

NO.29 TASTE

NO.30 WALK

NO.31 CLASSIC

NO.32 MOVEMENT

NO.33 IDEA

Urbänlike

NO.34 DEAR, READER!

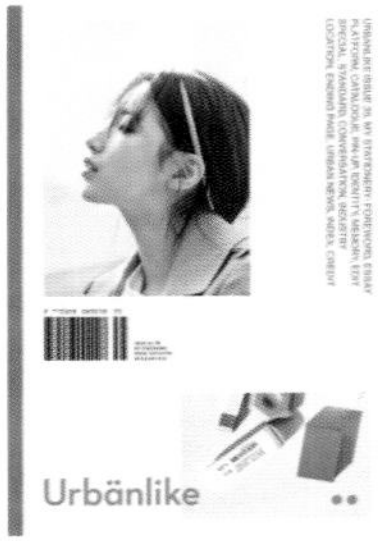

NO.35 MY STATIONERY

NO.36 LIVING SPACES
IN SEOUL 101

NO.37 HELLO, HOTEL

NO.38 A GOOD MEAL

NO.39 THE WORKPLACE

NO.40 I LOVE PAPER

NO.41 WORKING FROM HOME

NO.42 PUBLISHER

NO.43 CALLING ART

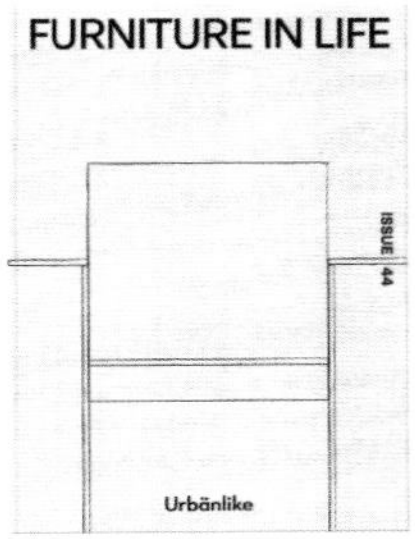

NO.44 FURNITURE IN LIFE

Online 교보문고, 알라딘, 영풍문고, 예스 24, 인터파크도서, 29CM, 도시서점
Offline 교보문고, 낫저스트북스, 노말에이, 더캑터스호텔, 동아서점, 루밍, 땡스북스, 모어댄레스, 스토리지북앤필름, 어쩌다 책방, 영풍문고, 윈드스톤, 종이잡지클럽, 키오스크키오스크, 페이보릿, 한낮의 바다, POINT OF VIEW, INDEX, W×D×H & More
<어반라이크> 입고 문의는 info@urbanbooks.co.kr로 주시기 바랍니다.

Urbanlike No.45

Earthware 삶을 담는 도구

EDITORIAL
Publisher
이윤만
Editor In Chief
김태경
Project Editor
김아키
김현의
오지수
왕민아
이지현
Assistant Editor
조은나래
하수민
Marketing & Distribution
서상화

DESIGN & PHOTO
Art Director
mykc
Photo Director
맹민화 88st

CONTRIBUTOR
Collaboration
물질세계
오유우
예림피스
Photo
손미현
장우철
Writer
윤솔희
이민경
이지은
정멜멜
최예선

Support
고려장
국립중앙박물관
로얄 코펜하겐
델픽
버나드 리치 재단
스티브 해리슨
에르메스
정소영의 식기장
지승민의 공기

Thanks to
나이트프루티
누트세라믹
로파서울
백경원
에그샌드미
오브젝트 늘
오자크래프트
이나영도자
이악크래프트
이혜미
임소담
자연 스튜디오
폴리가든
피노크
키오스크키오스크
키요
히어리
Yoosh Studio
39etc

PUBLISHING
Registration Number
강남, 라00667
Registration Date
2013년 2월 6일
(주)어반북스
경기 하남시 미사대로 540
B동 328호
T. +82-70-8639-8004
F. +82-505-115-8004
E. urbanbooks@urbanbooks.co.kr
I. @urbanlike_magazine

Copyright. 2022 Urbanbooks
<어반라이크>에 실린
글, 그림, 사진 등의 콘텐츠는
(주)어반북스의 동의없이
절대 사용할 수 없습니다.
The contents of this publication
shall not be duplicated, used
or disclosed in whole or
in part for any purpose without
the express written consent
of the publisher.

Printed in Seoul
ISSN 2288-0925 ISBN 979-11-89096-35-9

본지에 나오는 책 제목은 겹낫표(『 』)를 사용하고, 바로 뒤에 출판사명을 표시한다. 발간 연도는 확실한 경우가 아닐 경우, 표시하지 않는다. 잡지 등의 간행물과 영화명은 화살 괄호(< >)를, 전시명은 겹화살괄호(≪ ≫)를 사용한다.

글, 디자인, 사진, 일러스트 등 <어반라이크> 작업에 참여하고 싶은 창작자께서는 info@urbanbooks.co.kr로 자기소개 및 포트폴리오를 보내주세요.